4차 개정판

어린이 훈민정음

기초 문법

띄어쓰기

발음

맞춤법

★★★★
4차 개정판

어린이 훈민정음

“ 말이 오르면 나라도 오르고,
말이 내리면 나라도 내리나니라.

문명 강대국은 모두
자국의 문자를 사용한다. ”

- 주시경

제 1 과 장면을 상상하며(1)

1 얼굴

다음 그림과 뜻을 보고 빈칸에 알맞은 낱말을 쓰세요.

(1) 

볼에 [ㅈ] 이 있어요.

* 사람의 피부나 동물의 털에 난 작은 얼룩.

(2) 

동생은 

에 음식을 묻히고 먹어요.

* 입의 가장자리(주위).

(3) 

할아버지께서 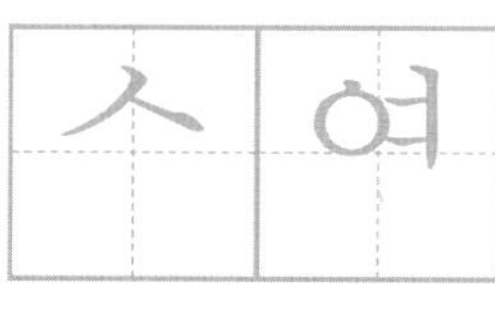

을 기르셨어요.

* 남자 어른의 입 주변이나 턱, 뺨 등에 나는 털.

(4) 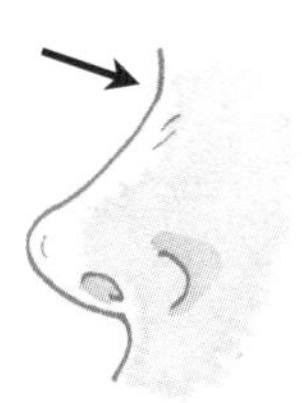

에 땀이 송골송골 맺혔어요.

* 콧등의 오목하게 들어간 부분.

2 흉내 내는 말

빈칸에 모양을 흉내 내는 말을 알맞게 넣어 문장을 완성하세요.

(1) 아기가 손가락을 ☐☐☐☐ 움직여요.

* 몸 전체나 일부를 작고 매우 느리게 자꾸 움직이는 모양.

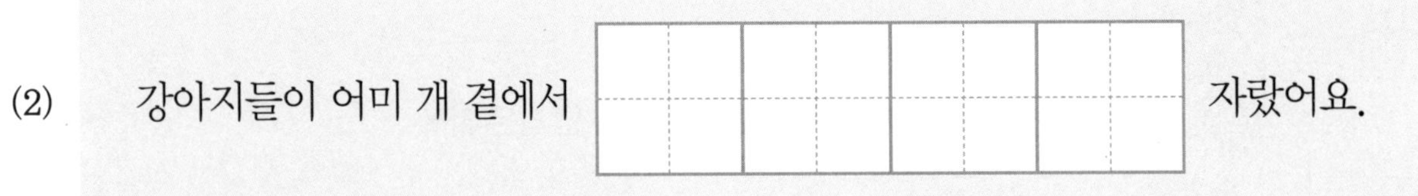

(2) 강아지들이 어미 개 곁에서 ☐☐☐☐ 자랐어요.

* 아무 문제 없이 힘차게 잘 자라는 모양.

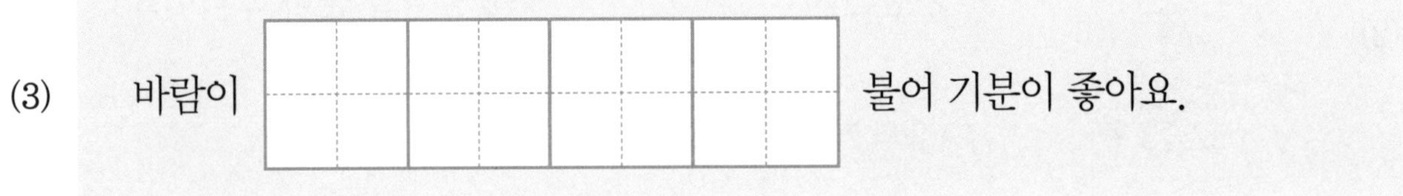

(3) 바람이 ☐☐☐☐ 불어 기분이 좋아요.

* 시원한 바람이 가볍게 자꾸 부는 모양.

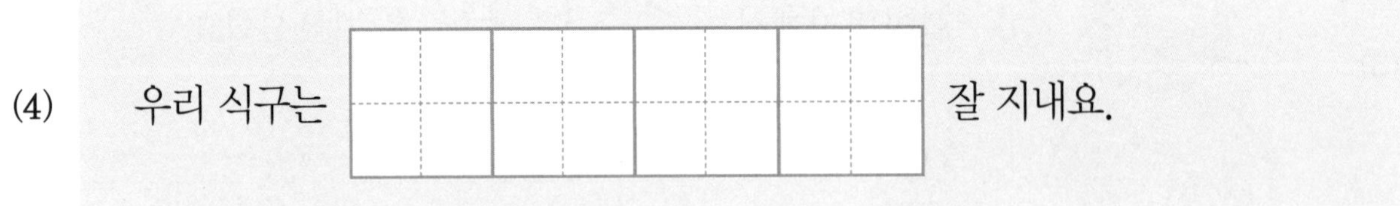

(4) 우리 식구는 ☐☐☐☐ 잘 지내요.

* 정답게 이야기하거나 사이좋게 지내는 모양.

오순도순	무럭무럭
꼬물꼬물	살랑살랑

3 날씨

 날씨와 관계있는 낱말을 빈칸에 알맞게 쓰세요.

(1) 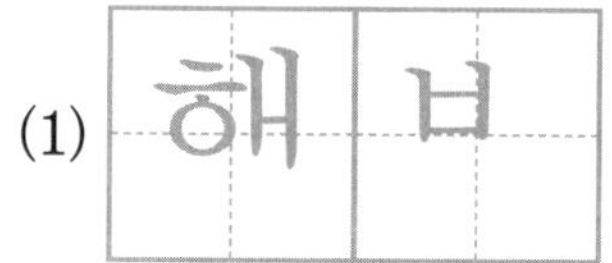 때문에 너무 더워요.

* 해가 아래로 비치는 뜨거운 기운.

(2) 파란 하늘에 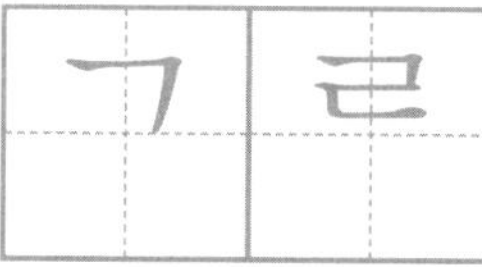 이 조금씩 생기기 시작했어요.

* 공기 중의 물기가 아주 작은 물방울이나 얼음으로 변하여 뭉쳐져 공중에 떠 있는 것.

(3) 하늘이 어두워지더니 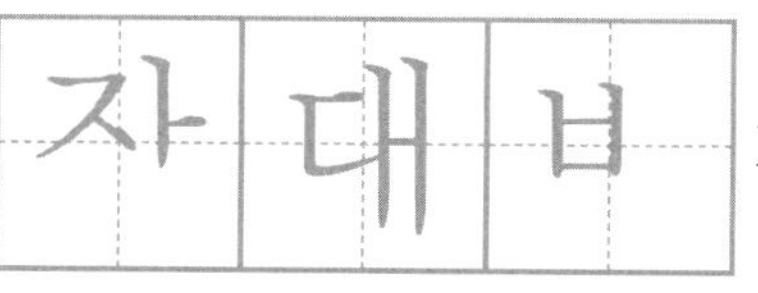 가 내렸어요.

* 나무 막대기처럼 굵고 거세게 좍좍 내리는 비.

(4) 비가 그치고 우리 학교 위에 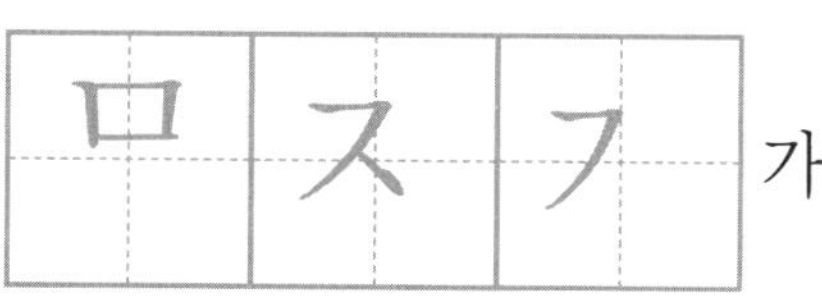 가 떴어요.

* 공중의 물방울이 햇빛을 받아 나타나는, 일곱 빛깔의 줄.

(5) 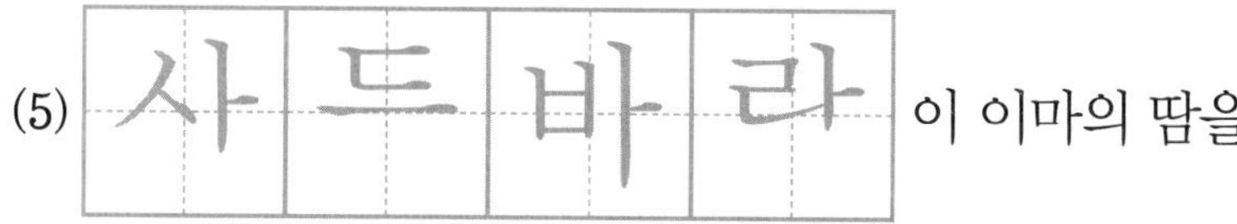 이 이마의 땀을 식혀 주어요.

* 시원하고 가볍게 부는 바람.

4 -거리다

빈칸에 '-거리다'가 들어간 낱말을 알맞게 쓰세요.

(1) 열고 닫을 때마다 문이 | 삐 | 거 | 덕 | 거 | 려 | 요 | .

＊ 크고 단단한 물건이 서로 닿아서 갈리는 소리를 자꾸 내요.

(2) 현주는 어두운 하늘을 보며 | 투 | 덜 | 거 | 려 | 요 | .

＊ 마음에 들지 않아서 남이 알아듣기 어려울 정도의 작은 소리로 불평을 해요.

(3) 동생은 국물을 식히려고 | 호 | 호 | 거 | 려 | 요 | .

＊ 식히거나 데우려고 입을 동그랗게 오므려 내밀고 입김을 자꾸 내뿜어요.

(4) 정은이랑 민지는 만나기만 하면 | 까 | 르 | 거 | 려 | 요 | .

＊ 크게 소리 내며 자꾸 웃어요.

(5) 승호는 부끄러워서 손만 | 만 | 지 | 작 | 거 | 려 | 요 | .

＊ 가볍게 주무르듯이 자꾸 만져요.

5 '어느'와 '여느'

 **다음 낱말들의 뜻을 보고, 알맞은 낱말에 동그라미 하세요.**

어느	: 둘 이상 가운데 무엇인지 물을 때 쓰는 말.
여느	: 다른 보통의.

(1) 이 중에 (어느 / 여느) 색깔을 더 좋아해?

(2) 어머니는 (어느 / 여느) 날처럼 집을 깨끗이 청소하셨어요.

경험	: 자신이 실제로 해 보거나 겪어 본 일.
모험	: 위험을 각오하고 하는 일.

(3) 그날 (경험 / 모험)한 일을 떠올려 생각과 느낌을 함께 적은 글을 일기라고 해요.

(4) 그 산을 오르는 것은 목숨을 건 (경험 / 모험)이에요.

광경	: 일이 벌어진 모양.
풍경	: 산, 들, 강, 바다 등의 자연이나 지역의 모습.

(5) 우리는 산꼭대기에 올라 (광경 / 풍경)을 내려다보았어요.

(6) 형은 아이들이 노는 (광경 / 풍경)을 보며 깔깔 웃었어요.

6 같은 소리, 다른 뜻

글자의 모양과 소리는 같지만 뜻이 다른 낱말이 있습니다. 괄호 안에 공통으로 들어갈 낱말을 빈칸에 쓰세요.

(1) ㅁ 지

① 선생님은 현준이에게 늦은 까닭을 (　　) 않으셨어요.

* 무엇을 밝히거나 알아내기 위해 상대에게 대답을 요구하지.

② 오늘은 강아지가 뒤뜰에 아무것도 (　　) 않았어요.

* 물건을 흙이나 다른 물건 속에 넣어 보이지 않게 쌓아 덮지.

(2) 　 워

① 이모께서 저희를 차에 (　　) 주셨어요.

* 짐승의 등이나 탈것에 몸을 오르게 해.

② 형이 계속 간지럼을 (　　) 웃을 수밖에 없었어요.

* 어떤 감정이나 느낌을 느끼게 해.

(3) ㄱ ㅈ

① 우리 (　　)은 물과 공기가 맑아요.

* 사람이 많이 사는 지방이나 지역.

② 휴대 전화기를 떨어뜨려서 (　　) 났어요.

* 기계 등이 제대로 작동하지 못하게 된 상태.

(4) 　 인

① 동생은 손으로 턱을 (　　) 채로 책을 보고 있어요.

* 기울어지거나 쓰러지지 않도록 아래에 받친.

② 떡볶이를 보고 입에 (　　) 침을 꿀꺽 삼켰어요.

* 침이나 눈물이 모인.

7 -점

-점	: '가게'의 뜻을 더하는 말. 예 편의 + -점 → 편의점(손님이 물건을 편하게 사도록 24시간 문을 여는 가게)

 **뜻풀이를 읽고, 빈칸에 '-점'이 들어가는 낱말을 쓰세요.**

(1) 쇠로 만든 물건들을 파는 가게.

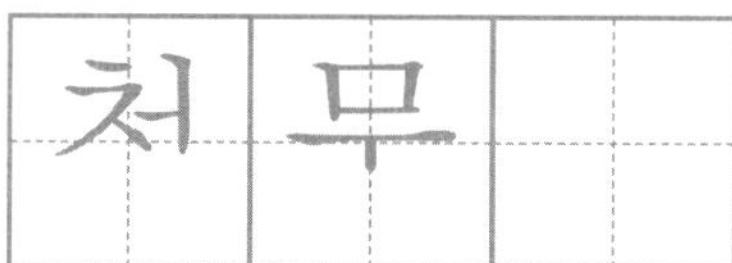

(2) 사람이 먹고 마실 수 있는 것을 파는 가게.

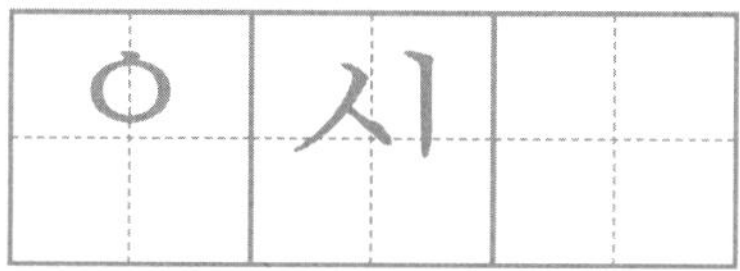

(3) 고장 나거나 헌 물건을 고치는 가게.

(4) 여러 가지 상품을 늘어놓고 파는 가게.

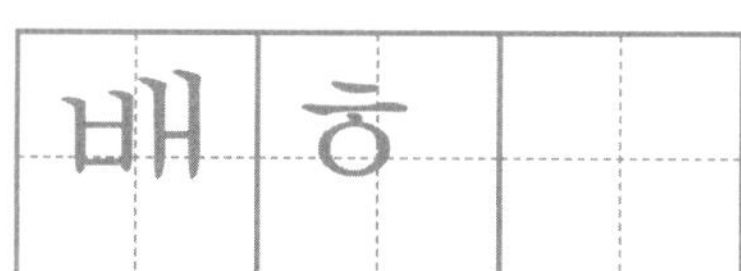

(5) 쇠고기, 돼지고기 등을 파는 가게.

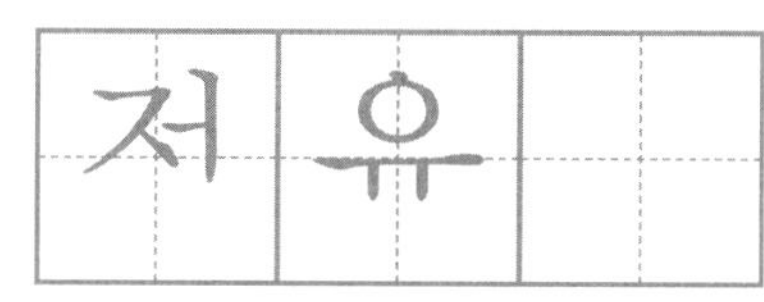

제 2 과 장면을 상상하며(2)

1 외래어

외국에서 들어와 쓰이는 말을 '외래어'라고 합니다. 다음 그림과 설명에 알맞은 외래어를 쓰세요.

(1)

차의 한 종류. 보통 짙은 갈색이다. 그냥 마시기도 하지만 설탕이나 우유 등을 넣어 먹기도 한다.

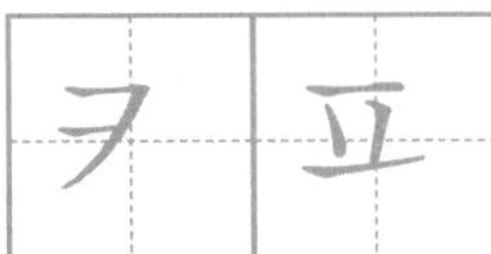

(2)

윗몸에 입기 위해 털실로 두툼하게 만든 옷.

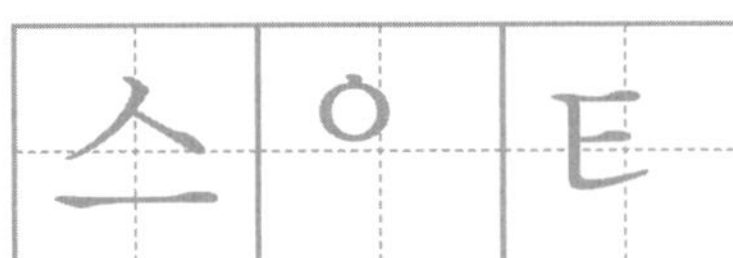

(3)

날개를 돌려 위로 뜨는 힘과 앞으로 나가는 힘을 내어 하늘을 나는 탈것.

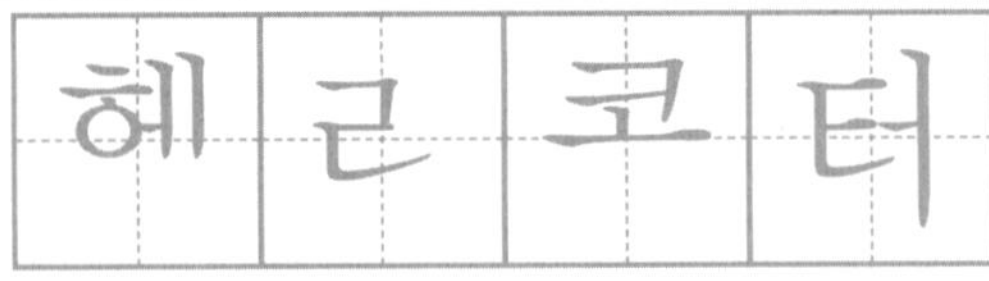

(4)

종이나 나무로 된 판 주변에 여럿이 둘러앉아 즐기는 놀이.

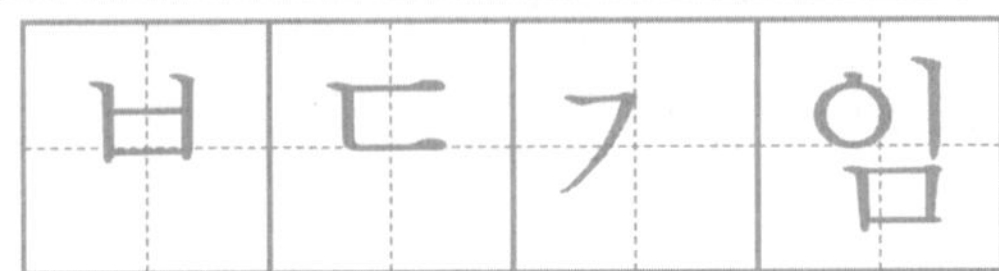

2 그림 보고 낱말 맞히기

 그림과 설명에 알맞은 낱말을 쓰세요.

(1)

☜ 꽃을 심어 기르는 그릇.

ㅎ	ㅂ

(2)

죽은 사람의 영혼. ☞
비 귀신

ㅇ	령

(3)

☜ 옷을 넣어 두는 가구.

ㅇ	자

(4)

중국요리의 하나. 볶은 중국 된장에 비빈 국수. ☞

짜	ㅈ	면

(5)

☜ 물을 위로 세차게 내뿜도록 만든 장치.

ㅂ	ㅅ	대

(6)

양손으로 줄을 잡고 돌리면서 뛰어넘는 운동. ☞

주		기

3 무슨 낱말일까요?

 **빈칸에 알맞은 낱말을 넣어 문장을 완성하세요.**

(1) 희진이와 민정이는 매일 붙어 다니는 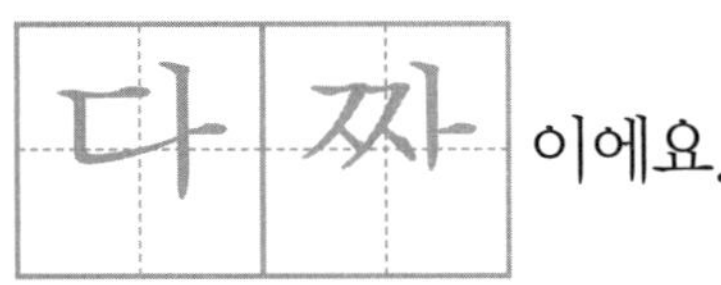

이에요.

* **서로 뜻이 맞거나 매우 친하여 늘 함께 어울리는 친구.**

(2) 우리 학교 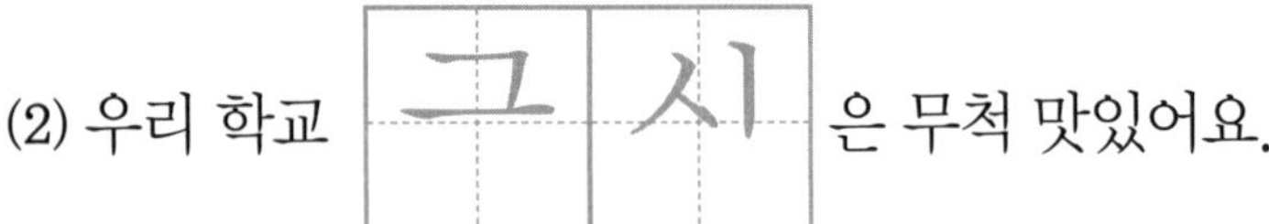

은 무척 맛있어요.

* **학교나 군대 등에서 주는 식사.**

(3) 할머니 머리에서 흰 머리카락 한 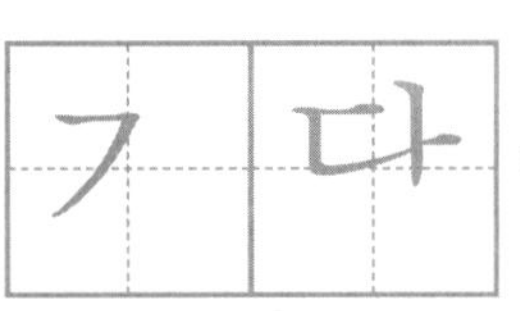

이 삐죽 튀어나와 있어요.

* **한군데에서 풀어지거나 갈라져서 나온 줄을 세는 말.**

(4) 성은이는 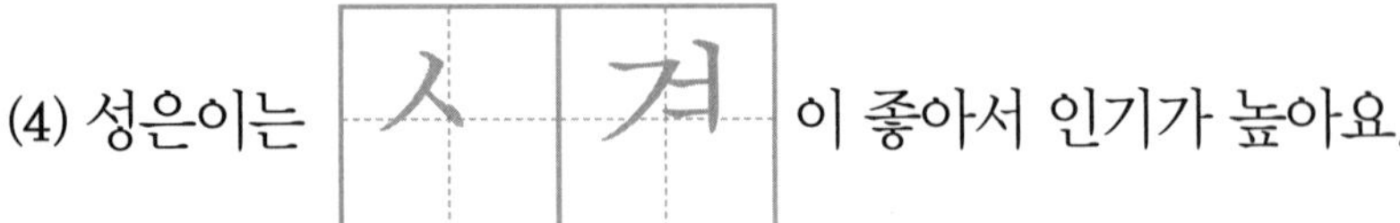

이 좋아서 인기가 높아요.

* **개인이 가지고 있는 특별한 성질.**

(5) 쌍둥이도 자세히 보면 

가 조금 달라요.

* **생긴 모양.**

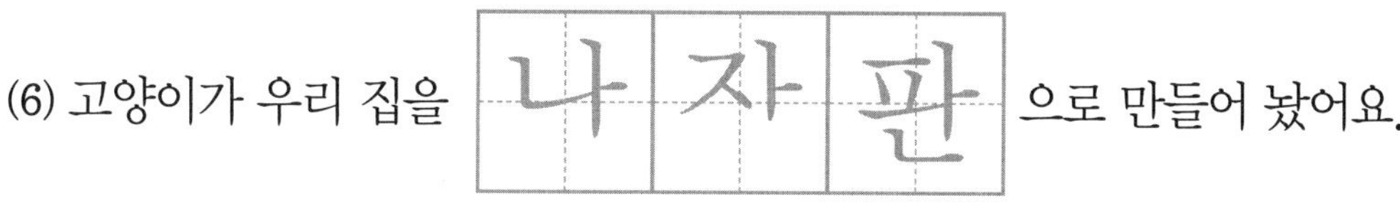

(6) 고양이가 우리 집을
나 자 판
으로 만들어 놨어요.

* 물건이 여기저기 함부로 놓여 있거나 부서져 어지럽혀진 상태.

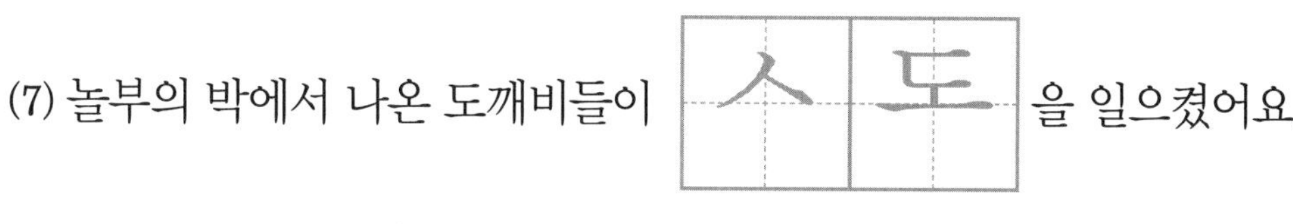

(7) 놀부의 박에서 나온 도깨비들이
을 일으켰어요.

* 정신이 어지러울 만큼 시끄러운 사건.

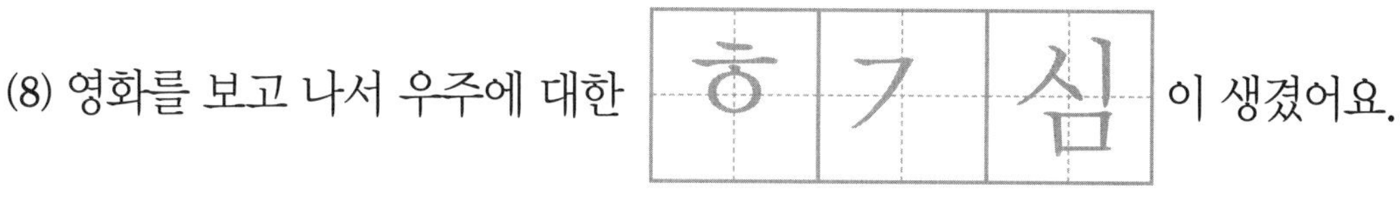

(8) 영화를 보고 나서 우주에 대한
심
이 생겼어요.

* 새롭고 신기한 것을 좋아하거나 모르는 것을 알고 싶어 하는 마음.

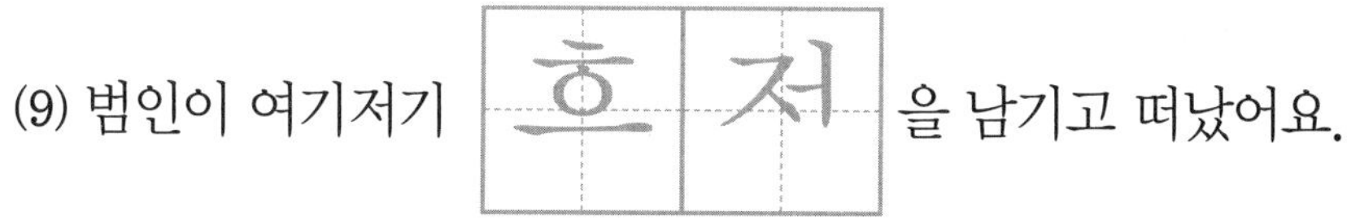

(9) 범인이 여기저기
을 남기고 떠났어요.

* 어떤 일이 지난 뒤에 남은 자국이나 표시.

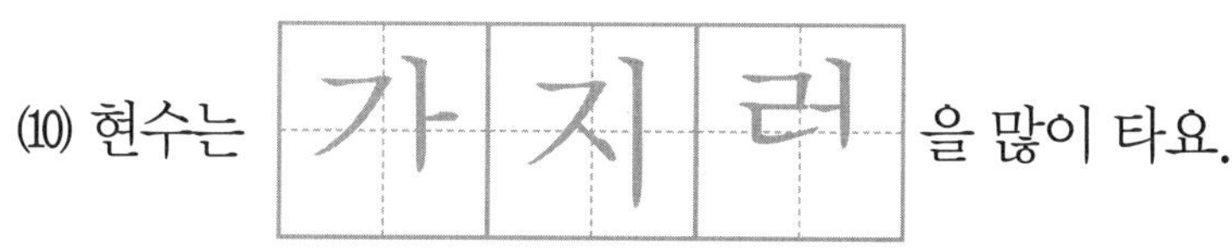

* 간지러운 느낌.

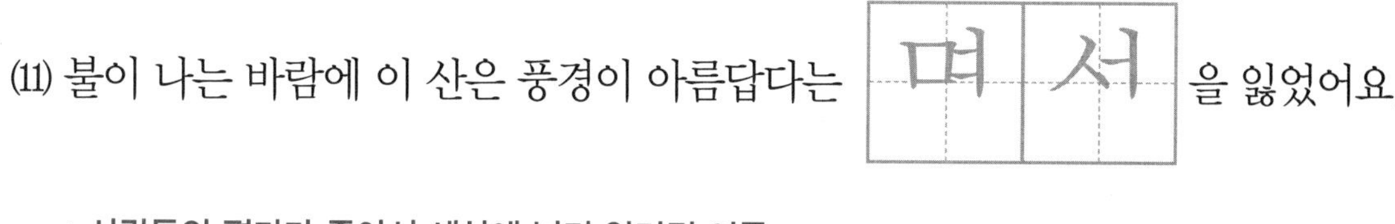

(11) 불이 나는 바람에 이 산은 풍경이 아름답다는
을 잃었어요.

* 사람들의 평가가 좋아서 세상에 널리 알려진 이름.

4 꾸며 주는 말

빈칸에 꾸며 주는 말을 알맞게 넣어 문장을 완성하세요.

(1) 유미는 창밖을 보면서 무언가 [ ] 생각하고 있어요.

* 한 가지 일에 온 정신을 쏟아 딴생각이 없이.

(2) 구름이 끼는 걸 보니 비가 [ ] 쏟아지겠어요.

* 한판 크게.

(3) 풀을 어디에 두었는지 [ ] 생각나지 않아요.

* 아무리 해도.

(4) 도깨비에게 잡혀 갔던 사람이 [ ] 나타났어요.

* 사람의 몸이나 정신이 잘못되지 않고 정상적인 상태로.

멀쩡히	도무지	골똘히	한바탕

5 낱말 뜻풀이

빈칸에 알맞은 낱말을 넣어서 밑줄 친 말의 뜻을 풀이하세요.

(1) 문득 작년에 가족 여행을 갔던 때가 생각났어요.

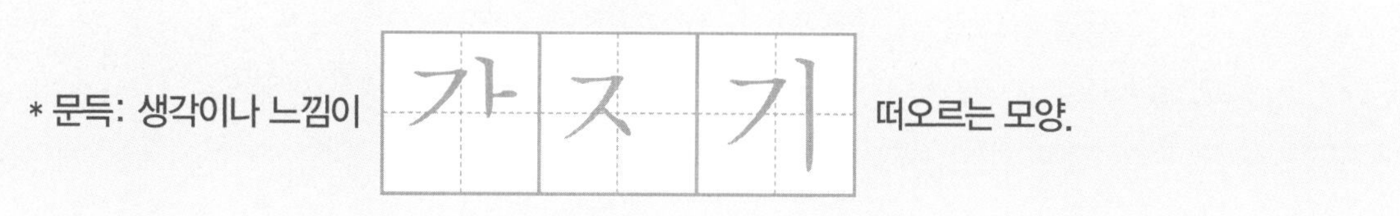

* 문득: 생각이나 느낌이
가 ㅈ 기
떠오르는 모양.

(2) 지환이는 네가 건강해진 모습을 보고 가슴을 쓸어내렸어.

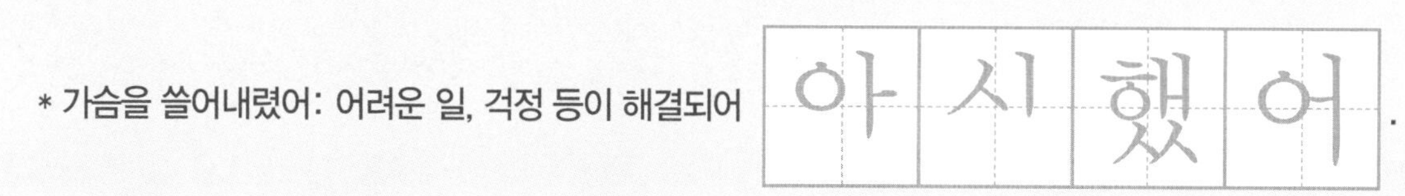

* 가슴을 쓸어내렸어: 어려운 일, 걱정 등이 해결되어
아 시 했 어
.

(3) 형은 집에 돌아오자마자 곯아떨어져 버렸어요.

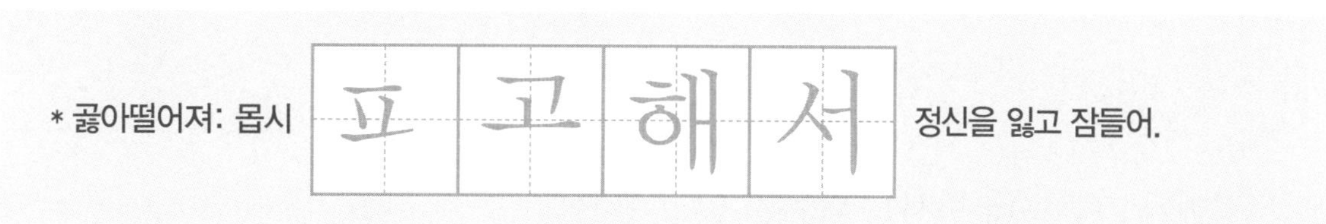

* 곯아떨어져: 몹시
ㅍ 고 해 서
정신을 잃고 잠들어.

(4) 내일 소풍 가서 재미있게 놀 생각에 한숨도 못 잤어요.

(5) 네게 무슨 일이 생겼을까 봐 마음을 졸였어.

6 바르게 쓰기

밑줄 친 낱말을 바르게 고쳐 쓰세요.

(1) 우리 식구는 몇일 뒤에 여행을 떠나요.

(2) 형은 붓에 물감을 무쳐 그림을 그렸어요.

(3) 누나는 매일 책상을 깨끗이 닥아요.

(4) 은정이가 그러는데 민서는 다치지 않고 괜찬데.

(5) 나는 나가서 숨박꼭질을 하고 싶어.

(6) 우리나라에 처들어온 일본군을 물리쳤다.

7 원고지 쓰기

 **다음 문장을 괄호 안의 횟수만큼 띄워서 원고지에 옮겨 쓰세요.**

(1) 시간이갈수록비가많이왔어요.(4)

(2) 비가내리니까어쩔줄몰랐어요.(4)

(3) 개구리는무덤이쓸려내려갈까봐맘을졸였어요.(6)

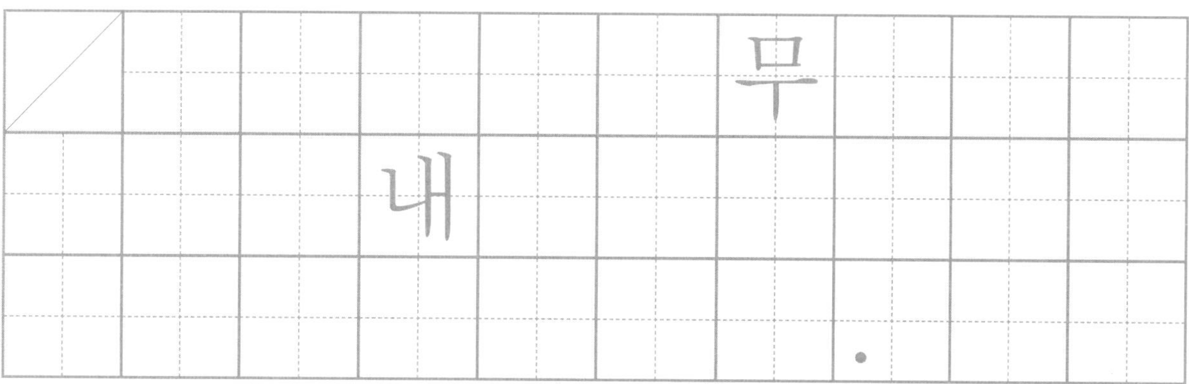

제 3 과 서로 존중해요(1)

1 무슨 말일까요?

다음 뜻에 알맞은 낱말을 넣어 문장을 완성하세요.

(1) 은우는 친구들에게서 [추 ㅎ] 를 받았어요.

* 남의 좋은 일을 기뻐하고 즐거워한다는 뜻으로 하는 말이나 행동.

(2) 희연이는 친구를 도와주어서 선생님께 [치 ㅊ] 을 들었어요.

* 남의 좋은 점이나 착하고 훌륭한 점을 높이 평가하는 말.

(3) 어려운 일이 생길 때마다 아버지께서 [ㅈ 어] 을 해 주세요.

* 남에게 도움이 되도록 알려 주는 말.

(4) 아무리 화가 나도 친구에게 [요 서] 을 해서는 안 돼요.

* 남을 깔보거나 남에게 불행이 일어나도록 비는 말.

(5) [ㅂ 소 어] 를 쓰면 상대의 기분이 상할 수 있어요.

* 품격이 낮고 상스러운 말.

2 흉내 내는 말

빈칸에 흉내 내는 말을 알맞게 넣어 문장을 완성하세요.

(1) 미연이는 선물을 받고 [   ] 웃었어요.

* 눈과 입을 슬며시 움직이며 소리 없이 가볍게 웃는 모양.

(2) 승현이는 배가 고팠는지 밥그릇을 [   ] 긁어 먹었어요.

* 물체의 겉이나 바닥을 자꾸 세게 긁거나 문지르는 소리나 모양.

(3) 두루미 한 마리가 하늘을 [   ] 날아가요.

* 새가 공중에 높이 떠서 느릿느릿 크게 날개를 흔들며 매우 시원하게 나는 모양.

(4) 민지는 [   ] 잊고 풀을 가져오지 못했어요.

* 기억이나 생각 등이 잠깐 흐려지는 모양.

(5) 승훈이는 고양이를 보고 [   ] 놀랐어요.

* 갑자기 놀라는 모양.

훨훨	깜빡	깜짝	싱긋	박박

3 사이시옷

두 낱말이 합쳐지면서 둘 사이에 시옷이 붙기도 하는데, 이것을 '사이시옷'이라고 합니다. 동그라미 속 자음으로 시작하는 두 말을 합쳐 알맞은 낱말을 쓰세요.

(1) ㅎ 태양계의 중심에 있는 큰 별. 비 태양 + ㅂ 태양이 내리쬐는 뜨거운 기운.

여름에는 ☐☐ 이 너무 뜨거워요.

(2) ㅊ 바퀴를 굴려, 사람이나 짐을 실어 옮기는 기계. + ㄱ 사람이나 자동차 등이 지나갈 수 있게 땅 위에 만든 곳.

☐☐ 주변에서는 장난치지 말아요.

(3) ㅇㅈ 오늘의 하루 전날. + ㅂ 해가 져서 어두워진 때부터 다음 날 해 뜨기 전까지의 동안.

☐☐☐ 에 무서운 꿈을 꿔서 제대로 못 잤어요.

(4) ㄴㄹ 가사에 음을 붙인 음악을 목소리로 부른 것. + ㅅㄹ 물체가 떨려 생긴 진동이 공기를 통해 귀에 들리는 것.

광희의 ☐☐☐☐ 가 아름답게 들려요.

4 낱말 뜻풀이

빈칸에 알맞은 말을 넣어서 밑줄 친 낱말의 뜻을 풀이하세요.

(1) 재윤이는 친구의 말을 공감하며 잘 들어 주어요.

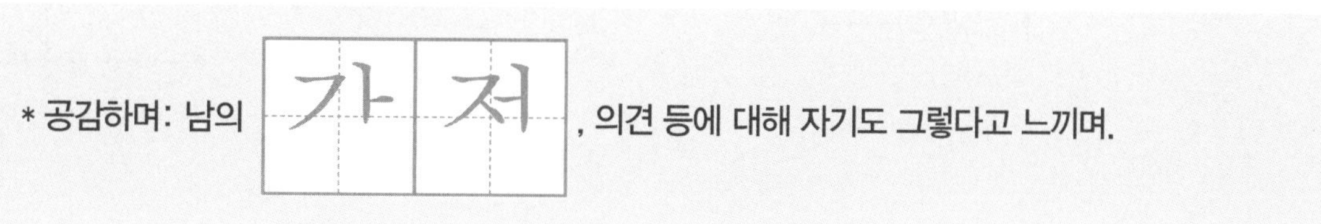

* 공감하며: 남의 가 저 , 의견 등에 대해 자기도 그렇다고 느끼며.

(2) 네가 다른 동네로 이사 가도 꼭 연락하며 지내자.

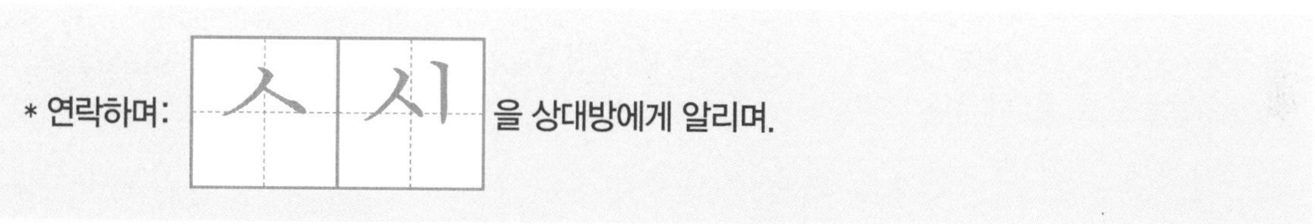

* 연락하며: 스 시 을 상대방에게 알리며.

(3) 준호는 긴장한 성규를 격려해 주었어요.

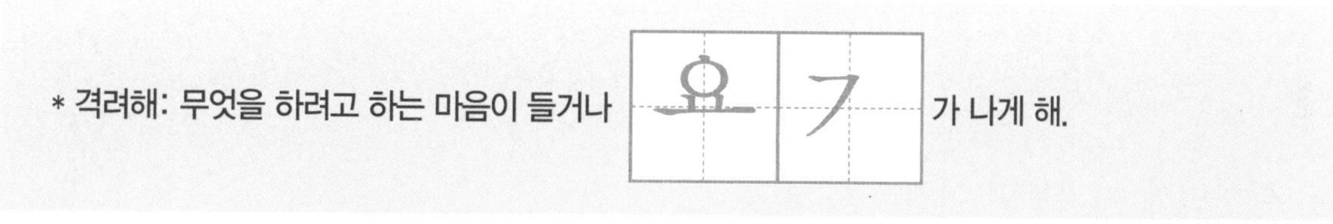

* 격려해: 무엇을 하려고 하는 마음이 들거나 요 기 가 나게 해.

(4) 지은이는 승준이 귀에 속삭였어요.

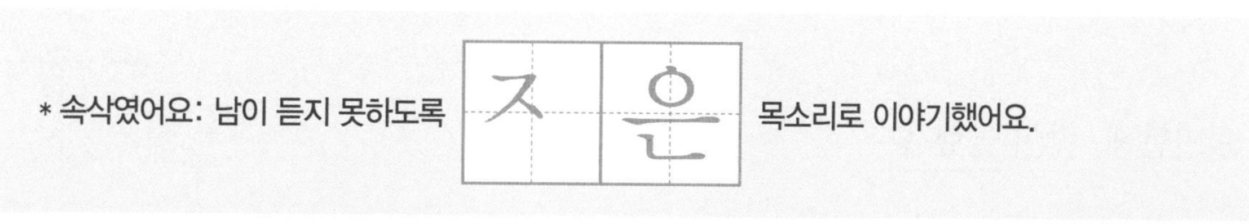

* 속삭였어요: 남이 듣지 못하도록 즈 은 목소리로 이야기했어요.

(5) 윤서는 성격이 밝아서 친구를 잘 사귀어요.

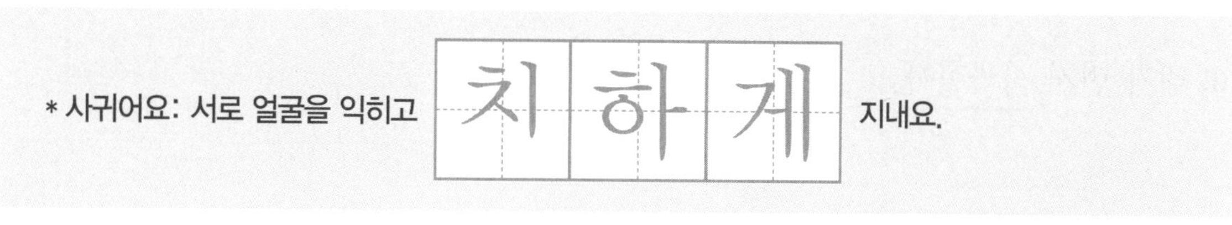

* 사귀어요: 서로 얼굴을 익히고 치 하 게 지내요.

5 바르게 쓰기

밑줄 친 부분을 바르게 고쳐 쓰세요.

(1) 앞으로도 네가 행복하길 바래.

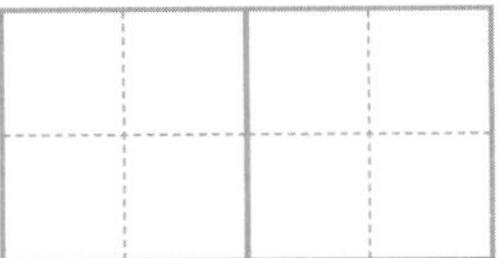

(2) 이 자리를 빌어 감사한 마음을 전합니다.

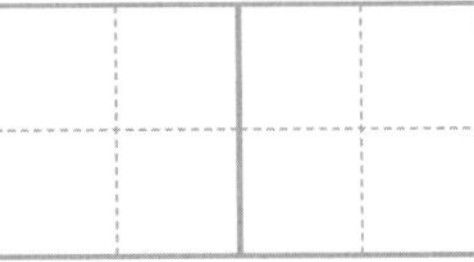

(3) 친구를 많이 사겨 보렴.

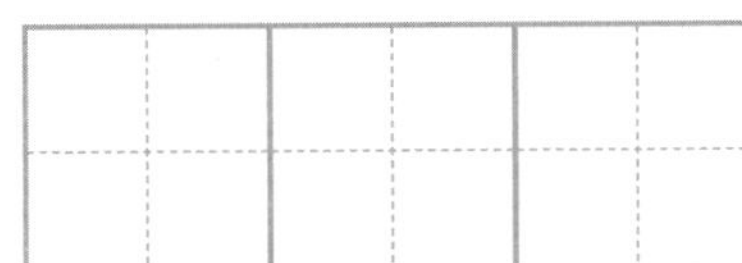

(4) 선생님께 여쩌보면 어떨까?

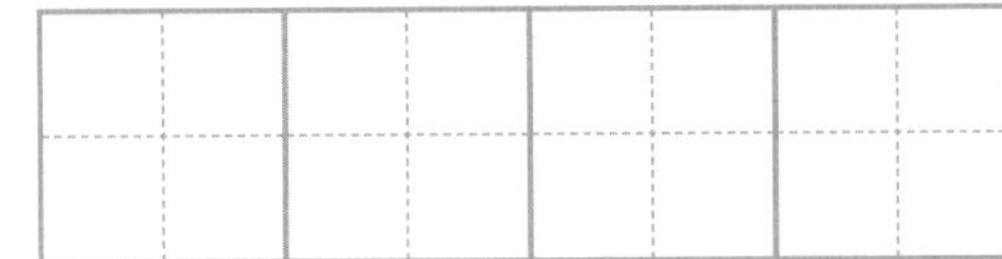

(5) 미안해. 많이 놀랬겠다.

(6) 내가 먼저 사과할께.

6 십자말풀이

가로 열쇠와 세로 열쇠를 잘 읽고, 빈칸을 채우세요.

		(3)		(4)
	(2)			야
(1)			(5)	
		(6) ㄱ		

가로 열쇠

(1) 조심하지 않아 저지른 잘못.

(2) 사람이 살고 있는 사회.

(3) 책을 세워서 꽂아 두는 물건.

(5) 그 사람 자신.

(6) 이미 지나간 때.

세로 열쇠

(1) 바라던 일이 뜻대로 되지 않아 마음이 몹시 상함.

(2) 손이나 얼굴을 씻음.

(3) 앉아서 글을 읽거나 쓸 때에 사용하는 가구.

(4) 자신이 겪은 일이나 마음속에 있는 생각을 남에게 전해 주는 말.

(5) 사람이 타고 앉아 두 다리의 힘으로 바퀴를 돌려서 움직이게 하는 물건.

제 4 과 서로 존중해요(2)

1 재학

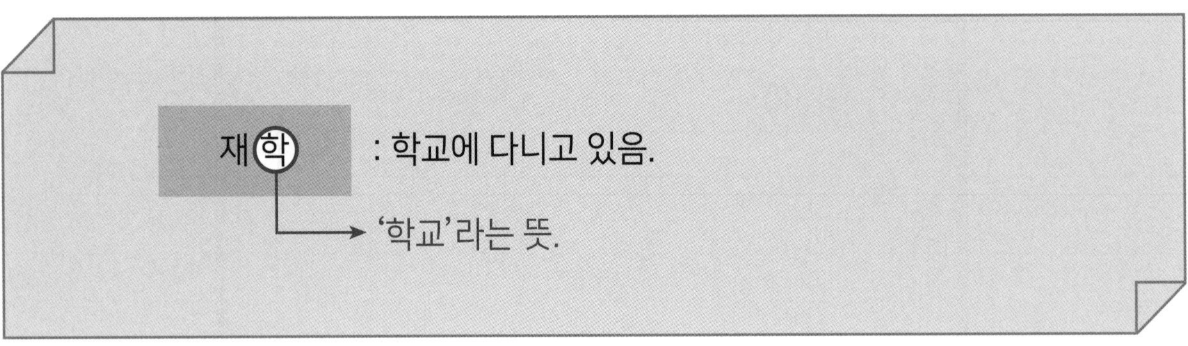

뜻풀이를 읽고, 빈칸에 '학'이 들어가는 낱말을 알맞게 쓰세요.

(1) 학생이 되어 공부하기 위해 학교에 들어감.

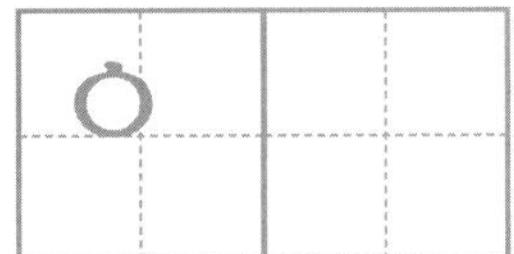

(2) 학교에서 더위나 추위를 피하기 위해 수업을 쉬는 일.

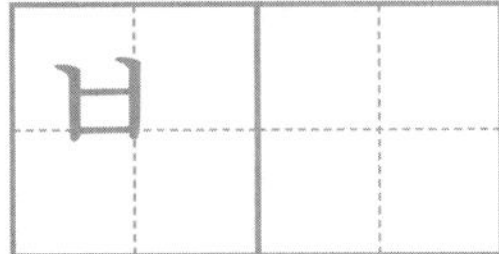

(3) 학교에서 수업을 한동안 쉬었다가 다시 시작함.

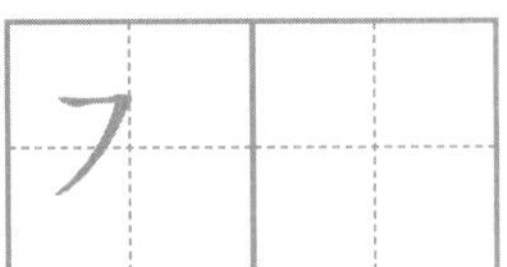

(4) 다니던 학교에서 다른 학교로 옮겨 가서 배움.

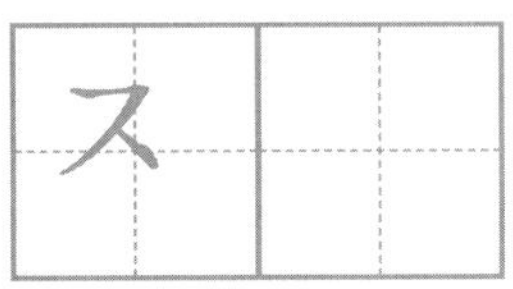

2 기분을 나타내는 말

 **빈칸에 기분을 나타내는 말을 알맞게 넣어 문장을 완성하세요.**

(1) 친구들이 제 말을 듣지 않는 것 같아서 | 짜 | 증 | 이 나요.

＊마음에 들지 않아 화를 내는 짓이나 그런 마음.

(2) 그림이 잘 그려지지 않아서 | 속 | 상 | 해 | 요 |.

＊마음이 불편하고 답답해요.

(3) 친구들에게서 칭찬을 받으니까 | 뿌 | 듯 | 해 | 요 |.

＊마음이 감동, 기쁨 등의 감정으로 가득해요.

(4) 친한 친구가 이사를 간다고 해서 | 아 | 쉬 | 워 | 요 |.

＊뜻대로 되지 않아 서운해요.

(5) 너무 졸려서 모든 일이 | 귀 | 찮 | 아 | 요 |.

＊마음에 들지 않아 어떤 일이 싫고 괴로워요.

3 무슨 낱말일까요?

다음 글을 읽고, 동그라미 속 자음자로 시작하는 낱말을 빈칸에 쓰세요.

(1)

예 나쁜 (ㅅ)(ㄱ)은 빨리 고쳐야 해요.

뜻 오랫동안 되풀이하여 몸에 익은 행동. 비 버릇

(2)

예 밖이 너무 시끄러워서 (ㅈ)(ㅈ)이 되지 않아요.

뜻 한 가지 일에 모든 힘을 쏟아부음.

(3)

예 부드러운 (ㅁ)(ㅌ)로 상대방과 대화해요.

뜻 말에서 드러나는 방식이나 느낌.

(4)

예 상대방의 말에 적절한 (ㅂ)(ㅇ)을 보이며 이야기를 나눠요.

뜻 자극을 받아 일어나는 현상.

(5)

예 저는 친구들 앞에서 ㅂ ㅍ를 할 때마다 너무 떨려요.

뜻 어떤 사실이나 결과 등을 세상에 널리 알림.

(6)

예 할머니, 생신을 ㅈ ㅅ으로 축하드려요.

뜻 거짓이 없는 진실한 마음.

(7)

예 언니는 30분 만에 그림을 ㅇ ㅅ했어요.

뜻 물건이나 작품 등을 끝까지 만들어 냄.

(8)

예 제대로 ㅈ ㄹ하지 않으면 물건을 찾기 어려워요.

뜻 흐트러진 것을 한데 모으거나 치움.

(9)

예 수업이 끝나자 학생들은 ㅅ ㅁ ㅎ에 책을 넣어 두었어요.

뜻 학교 등에서 물건을 넣어 둘 수 있게 만든 것.

4 어떻게 쓸까요?

[ ] 안의 발음을 보고 빈칸에 알맞은 말을 쓰세요.

(1)

① 그 나무는 [입또] 다 떨어졌어요. | 도

② 음식이 묻어서 [입또] 깨끗이 씻었어요. | 도

(2)

① 우리 강아지는 [짇찌] 않았어요. | 지

② 이모는 작가지만 시는 [짇찌] 않으세요. | 지

(3)

① 오늘이 할머니 생신이라는 사실을 [읻찌] 않았어요. | 지

② 필통 속에 빨간 색연필 [읻찌]? | 지

(4)

① 아주머니께서 아기를 [안꼬] 계세요. | 고

② 민성이만 [안꼬] 나머지는 다 서 있어라. | 고

5 원고지 쓰기

 **다음 문장을 괄호 안의 횟수만큼 띄워서 원고지에 옮겨 쓰세요.**

(1) 이웃이안어울릴까봐걱정했어.(5)

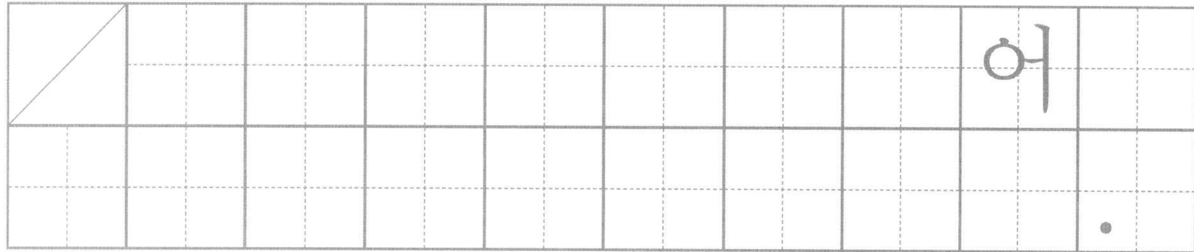

(2) 그러면문을열때다칠수도있어.(6)

열

어.

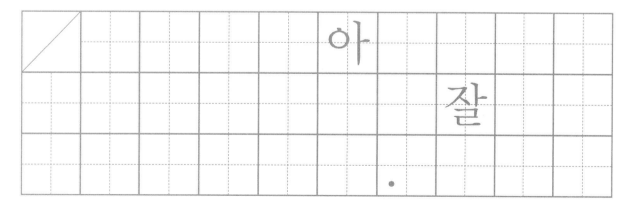

(3) 승재는아는게많아도절대잘난척하지않아.(7)

아

잘

제 5 과 내용을 살펴요(1)

1 옷차림

옷을 잘 갖추어 입은 모양을 '옷차림'이라고 합니다. 그림 속 옷의 이름을 쓰세요.

2 청소 도구

 **다음 그림과 설명을 보고 알맞은 낱말을 쓰세요.**

(1) 

먼지나 쓰레기 등을 쓸어 내는 도구.

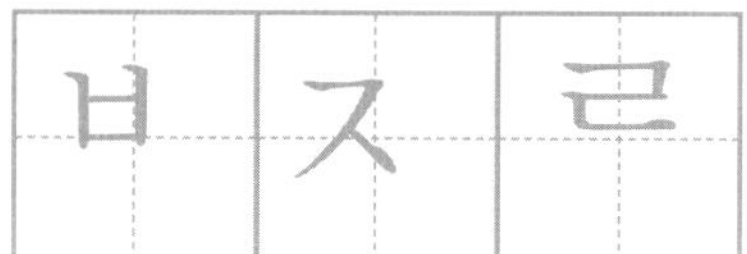

(2) 

쓸어 낸 먼지나 쓰레기 등을 담는 도구.

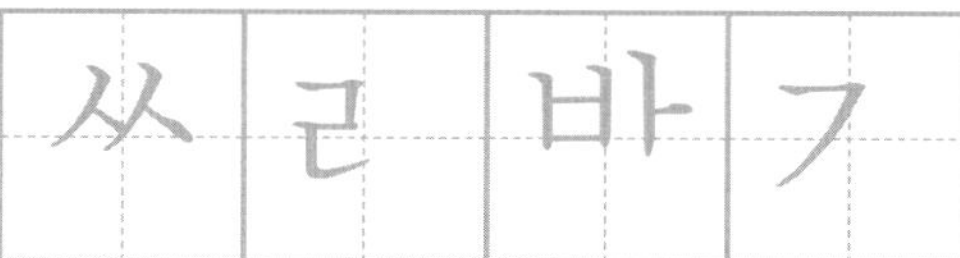

(3) 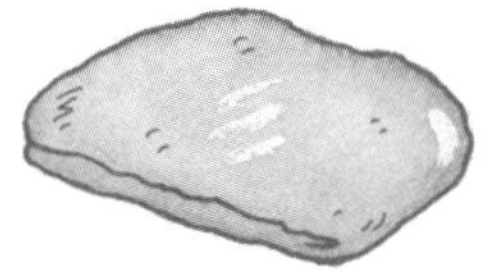

먼지나 물기 등을 닦아 내는 도구.

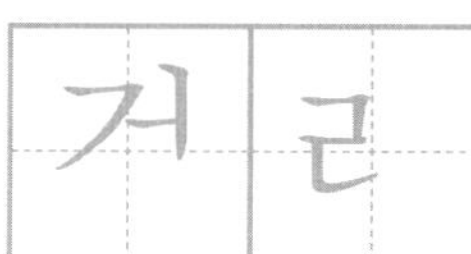

(4) 

먼지를 쳐서 떼어 내는 도구.

(5) 

기계의 힘으로 먼지를 빨아들이는 도구.

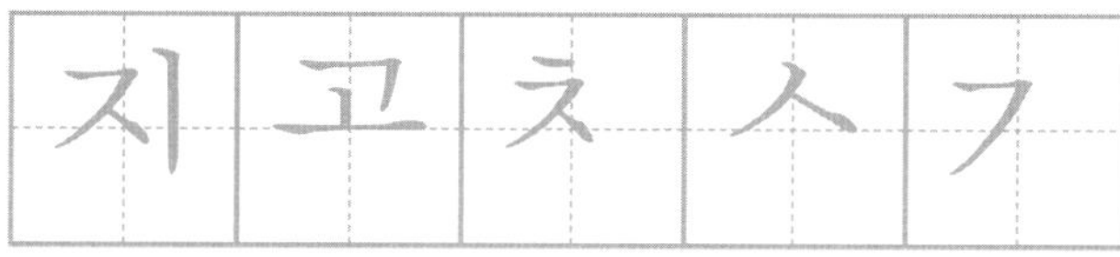

3 무슨 낱말일까요?

[가]와 [나]에서 한 글자씩 골라 빈칸에 알맞은 낱말을 완성하세요.

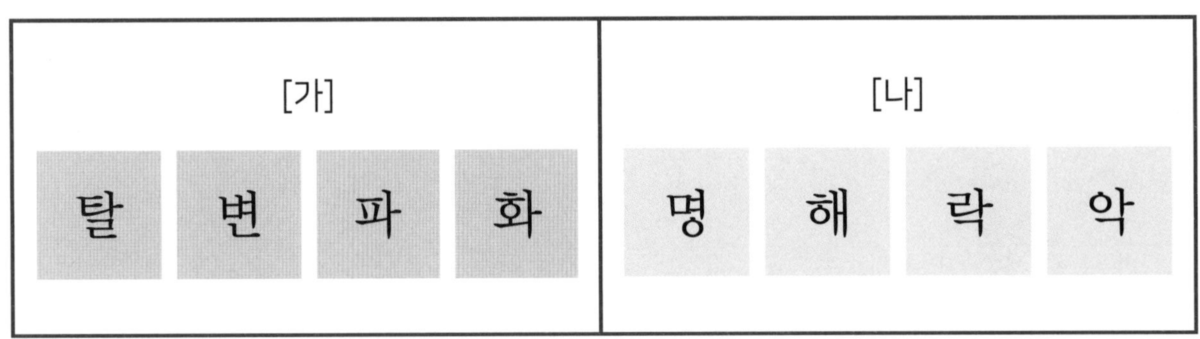

(1) 권찬이와 진용이는 싸운 지 얼마 되지 않아  했어요.

*** 다툼을 멈추고 서로 가지고 있던 안 좋은 감정을 풀어 없앰.**

(2) 무진이는 사과는 하지 않고  만 늘어놓았어요.

*** 자기 잘못이나 실수에 대해 이런저런 이유를 말함.**

(3) 우리 반은 축구 대회에서 한 경기 만에  했어요.

*** 어떤 데에 끼지 못하고 떨어지거나 빠짐.**

(4) 용남이는 분위기를  하고 얼른 자리에 앉았어요.

*** 어떤 일의 내용이나 사정, 성질 등을 분명하게 앎.**

빈칸에 알맞은 낱말을 넣어 문장을 완성하세요.

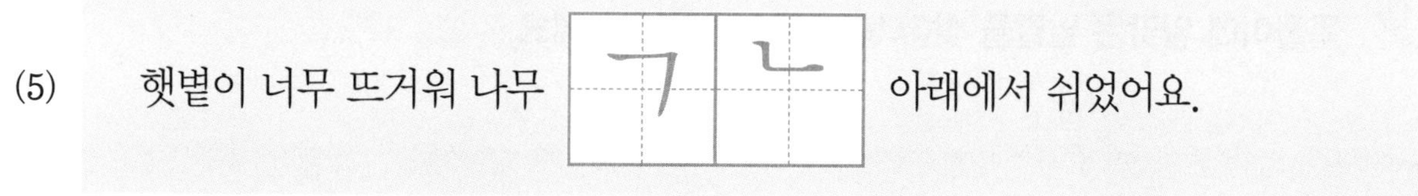

(5) 햇볕이 너무 뜨거워 나무 ㄱ ㄴ 아래에서 쉬었어요.

* 빛이 어떤 물체에 가리어 어두워진 부분.

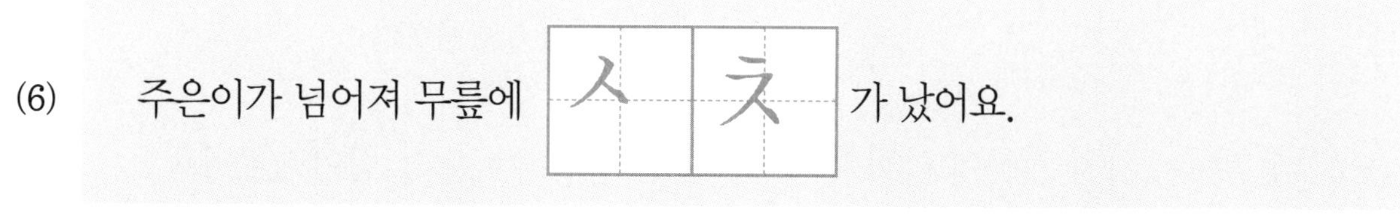

(6) 주은이가 넘어져 무릎에 ㅅ ㅊ 가 났어요.

* 몸을 다쳐 부상을 입은 자리.

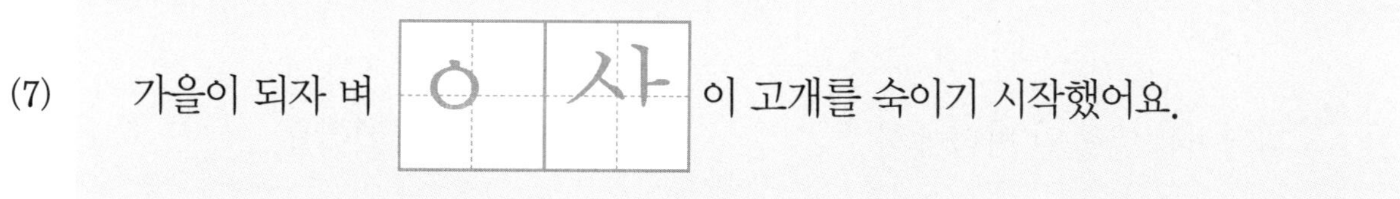

(7) 가을이 되자 벼 ㅇ 사 이 고개를 숙이기 시작했어요.

* 벼, 보리 등과 같은 곡식에서, 꽃이 피고 열매가 달리는 부분.

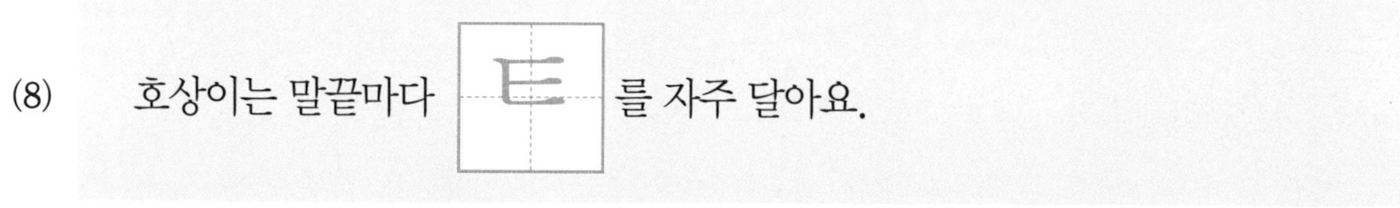

(8) 호상이는 말끝마다 ㅌ 를 자주 달아요.

* 어떤 말끝에 덧붙이는 짧은 말.

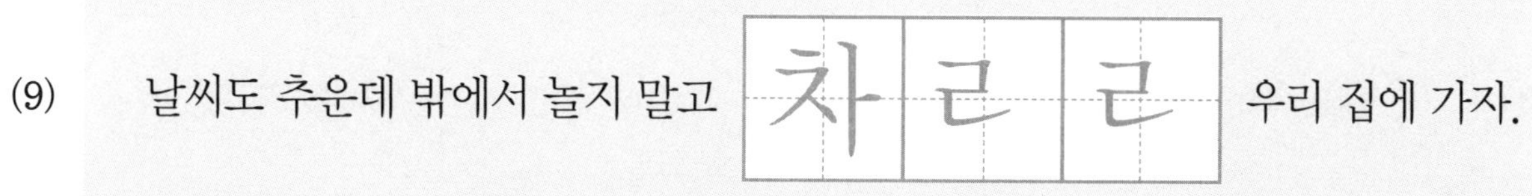

(9) 날씨도 추운데 밖에서 놀지 말고 차 ㄹ ㄹ 우리 집에 가자.

* 그럴 바에는 오히려. 앞 내용보다 뒤 내용이 더 나을 때 쓰는 말.

4 꾸며 주는 말

뜻풀이에 알맞은 낱말을 찾아 넣어 문장을 완성하세요.

실컷	저마다	무작정	딱

(1) 성철이는 자기 잘못이 아니라고 [　　　] 잡아떼었어요.

* 말이나 행동을 아주 확실하게 하는 모양.

(2) 재영이는 온종일 바다에서 [　　　] 수영했어요.

* 하고 싶은 대로 할 수 있는 데까지.

(3) 모든 학생은 [　　　] 꿈을 가지고 있어요.

* 각각의 사람이나 사물마다.

(4) 은하는 도서관 앞에서 유민이를 [　　　] 기다렸어요.

* 앞으로 할 일에 대해서 전혀 계획없이.

5 '보호'와 '보수'

두 낱말의 뜻풀이를 읽고, 알맞은 낱말에 동그라미 하세요.

보호	: 위험하지 않게 지키고 보살핌.
보수	: 낡거나 부서진 부분을 고침.

(1) 진용이는 자연 (보호 / 보수) 활동에 참여했어요.

(2) 우리 가족은 집을 (보호 / 보수)하여 새집처럼 꾸몄어요.

기호	: 어떠한 뜻을 전달하기 위해 쓰이는 문자나 그림 등을 이르는 말.
기후	: 일정한 지역에서 여러 해에 걸쳐 나타난 날씨의 평균 상태.

(3) 이곳은 일 년 내내 (기호 / 기후)가 따뜻해서 살기 좋아요.

(4) 한글은 우리나라 사람들이 사용하는 (기호 / 기후)예요.

쓸다	: 빗자루로 쓰레기 등을 밀어내거나 한데 모아서 버리다.
썰다	: 어떤 물건을 칼 등으로 자르다.

(5) 시호가 바닥을 (쓸어 / 썰어) 깨끗이 청소했어요.

(6) 어머니께서 수박을 (쓸어 / 썰어) 나누어 주셨어요.

6 비슷한말, 반대말

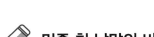

밑줄 친 낱말의 비슷한말이나 반대말을 빈칸에 쓰세요.

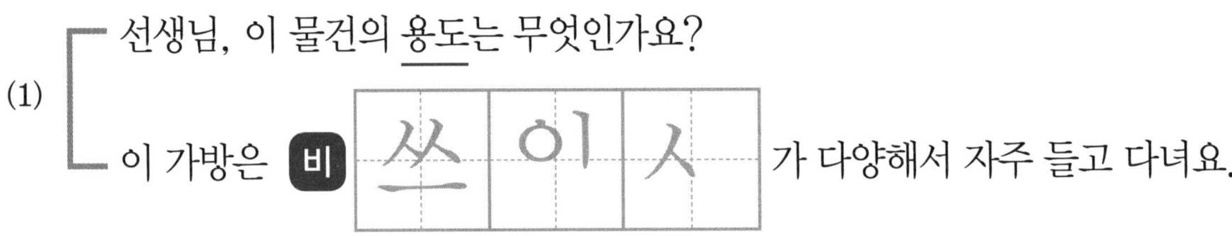

(1) 선생님, 이 물건의 용도는 무엇인가요?

이 가방은 비 [쓰 이 ㅅ] 가 다양해서 자주 들고 다녀요.

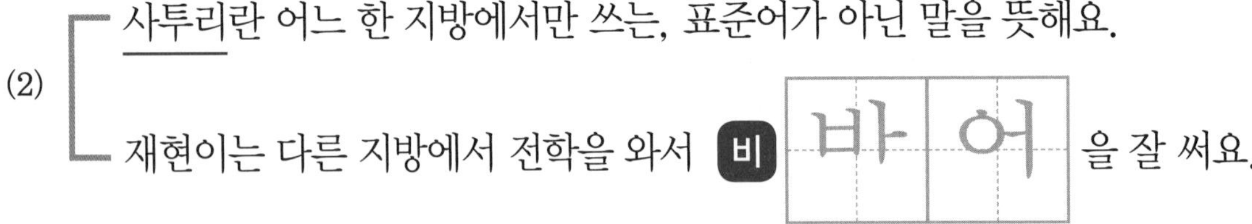

(2) 사투리란 어느 한 지방에서만 쓰는, 표준어가 아닌 말을 뜻해요.

재현이는 다른 지방에서 전학을 와서 비 [바 어] 을 잘 써요.

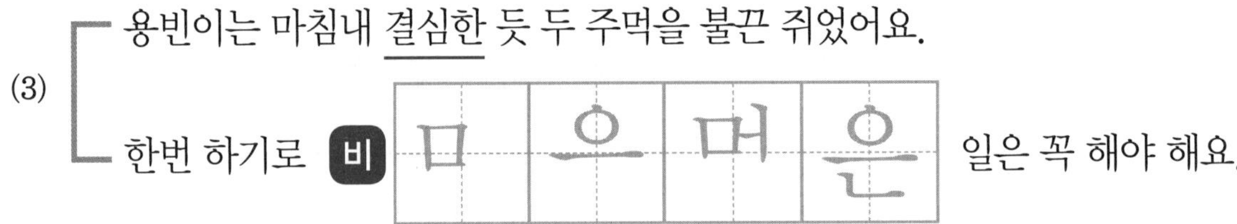

(3) 용빈이는 마침내 결심한 듯 두 주먹을 불끈 쥐었어요.

한번 하기로 비 [ㅁ ㅇ 머 은] 일은 꼭 해야 해요.

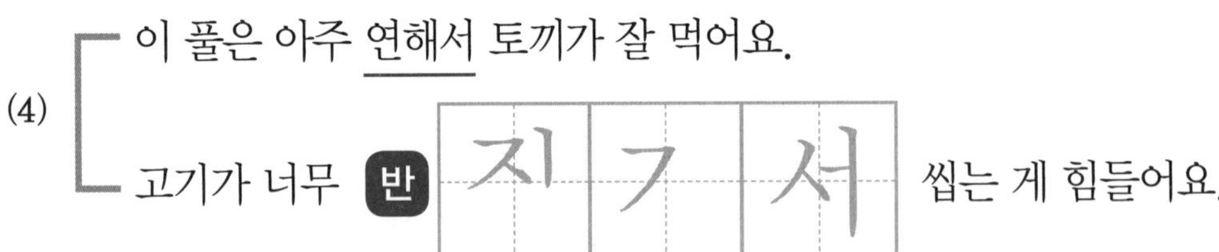

(4) 이 풀은 아주 연해서 토끼가 잘 먹어요.

고기가 너무 반 [지 ㄱ 서] 씹는 게 힘들어요.

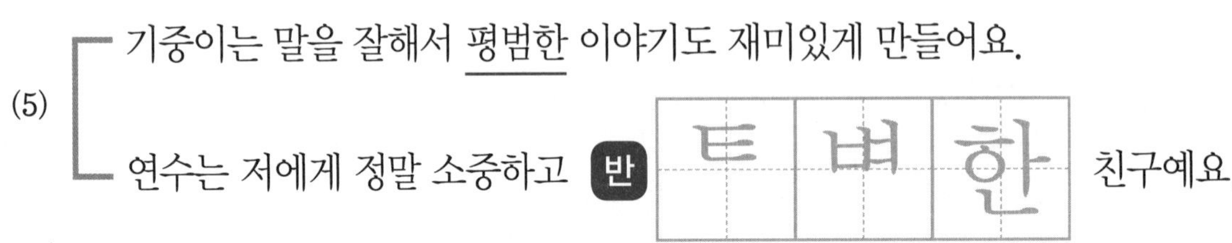

(5) 기중이는 말을 잘해서 평범한 이야기도 재미있게 만들어요.

연수는 저에게 정말 소중하고 반 [ㅌ 벼 한] 친구예요.

7 바르게 쓰기

바르게 쓴 낱말에 동그라미 하세요.

(1) 어머니께서 [납작한 / 납짝한] 그릇에 복숭아를 담아 주셨어요.

(2) 미연이가 어질러진 신발들을 [가지런히 / 가지런이] 정리했어요.

(3) 주희가 옆자리를 [가리키며 / 가르키며] 저에게 앉으라고 했어요.

(4) 독후감을 쓸 때에는 생각이나 느낌이 [들어나게 / 드러나게] 적어야 해요.

(5) 푸른 바다 위로 갈매기들이 [날아다녀요 / 날라다녀요].

(6) [윗층 / 위층] 에서 쿵쿵거리는 소리가 나요.

제 6 과 내용을 살펴요(2)

1 무엇일까요?

 **다음 그림과 설명에 알맞은 낱말을 빈칸에 쓰세요.**

(1) 

숯불을 담아 놓는 그릇.

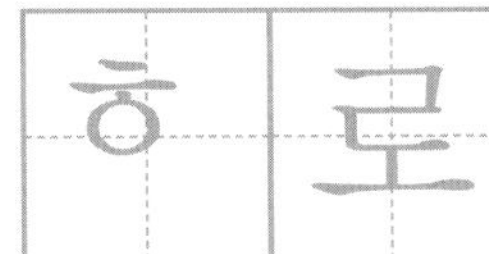

(2) 

비나 눈이 올 때 신는 목이 긴 신발.

ㅈ ㅎ

(3) 

손을 보호하거나 추위를 막기 위하여 손에 끼는 물건.

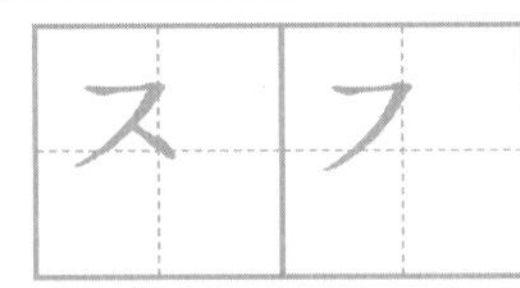

(4) 

머리를 보호하기 위하여 쓰는 모자. 비 안전모

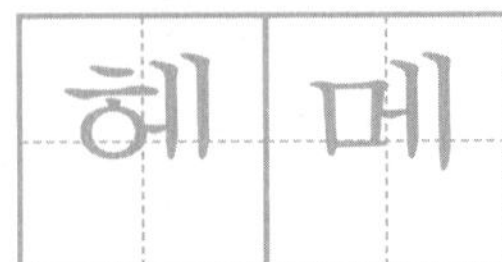

2 끝말잇기

 **다음 뜻을 보고 알맞은 낱말을 넣어 끝말잇기를 완성하세요.**

(1) | ㅂ | ㅎ | 대 |

다치지 않게 하려고 몸에 대거나 두르는 도구.

→

| 대 | 상 |

어떤 일의 목표나 목적이 되는 것.

↓

(2) | | 이 |

장사를 직업으로 하는 사람.

비 장수

←

(3) | 이 | ㅈ |

어떤 사실을 옳다고 생각해 받아들임.

↓

| 정 | 상 |

산의 맨 위.

→

(4) | | ㄷ |

서로 마주 대하는 사람.

↓

(5) | ㄷ | ㄴ | ㅁ |

줄기가 꼿꼿하고 속이 비었으며 마디가 있는 식물.

←

(6) | ㅁ | ㄴ |

물건의 겉에 색깔이나 선 등으로 나타난 모양.

3 겹받침이 있는 낱말

 **그림을 보고 빈칸에 겹받침이 있는 낱말을 알맞게 쓰세요.**

(1) 달걀을 사 다.

(2) 아이스크림을 하 다.

(3) 머리를 그 다.

(4) 책을 어 다.

(5) 나무판을 뜨 다.

(6) 색깔이 여 다.

4 바르게 읽어요

낱말이 'ㄼ' 받침으로 끝나거나, 그 말 뒤에 자음으로 시작하는 말이 오면 그 받침은 보통 [ㄹ]로 소리 납니다.

예 넓다 [널따], 짧다 [짤따]

다만, '밟다'의 받침 'ㄼ'은 [ㅂ]으로 소리 납니다. 또 '넓-' 뒤에 '-적하다, -죽하다, -둥글다'가 붙는 때에도 [ㅂ]으로 소리 납니다.

예 밟다 [밥따], 넓죽하다 [넙쭈카다], 넓둥글다 [넙뚱글다]

* 넓죽하다: 길쭉하고 넓다. * 넓둥글다: 넓죽하면서 둥글다.

밑줄 친 낱말을 [ ] 안에 소리 나는 대로 쓰세요.

(1) 소 <u>여덟</u> 마리가 한가롭게 풀을 뜯고 있어요. [ ]

(2) 누나 방이 내 방보다 훨씬 더 <u>넓다</u>. [ ]

(3) 내 머리가 희주 머리보다 <u>짧지</u>? [ ]

(4) 재은이가 제 발을 <u>밟고</u> 바로 사과했어요. [ ]

(5) 이 나무는 잎이 아주 <u>넓적해요</u>. [ ]

5 윷놀이

 **다음은 윷을 던졌을 때 나올 수 있는 상황과 그 설명입니다. 알맞은 낱말을 쓰세요.**

(1)

윷놀이에서, 윷가락 세 개는 엎어지고 한 개만 젖혀진 경우. 말을 한 칸 이동한다.

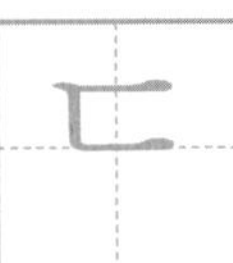

(2)

윷가락 두 개는 엎어지고 다른 두 개는 젖혀진 경우. 말을 두 칸 이동한다.

(3)

윷가락 한 개만 엎어지고 세 개는 젖혀진 경우. 말을 세 칸 이동한다.

(4)

윷가락 네 개가 모두 젖혀진 경우. 말을 네 칸 이동한다.

(5)

윷가락 네 개가 모두 엎어진 경우. 말을 다섯 칸 이동한다.

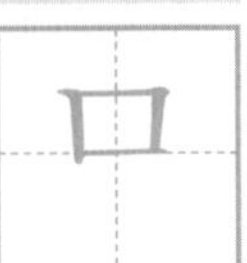

6 같은 소리, 다른 뜻

밑줄 친 낱말의 뜻을 찾아 번호를 쓰세요.

달다	① 글이나 말에 설명 등을 덧붙이거나 보태다. ② 저울 등으로 무게를 재다.

(1) 대화할 때 말끝마다 토를 달면 안 돼요. ( )

(2) 정육점 아저씨께서 고기를 달아 보신 뒤 가격을 알려 주셨어요. ( )

말리다	① 물기를 다 날려서 없애다. ② 어떤 행동을 못하게 방해하다.

(3) 민상이는 누구보다 앞장서서 싸움을 말렸어요. ( )

(4) 세찬이는 축축해진 겉옷을 벗어 햇볕에 말렸어요. ( )

쓰다	① 어떤 일에 마음이나 관심을 기울이다. ② 물건을 머리에 얹어 덮다. ③ 머릿속의 생각을 종이 등에 글로 나타내다.

(5) 은정이는 위인전을 읽고 독후감을 썼어요. ( )

(6) 재민이는 숙제에 온 신경을 쓰다가 약속 시간에 늦었어요. ( )

(7) 윤상이는 햇빛이 강해서 모자를 썼어요. ( )

7 낱말 뜻풀이

빈칸에 알맞은 말을 넣어서 밑줄 친 낱말의 뜻을 풀이하세요.

(1) 가축의 종류에는 개, 소, 돼지, 말, 닭 등이 있어요.

(2) 몸을 청결하게 관리해야 병에 걸리지 않아요.

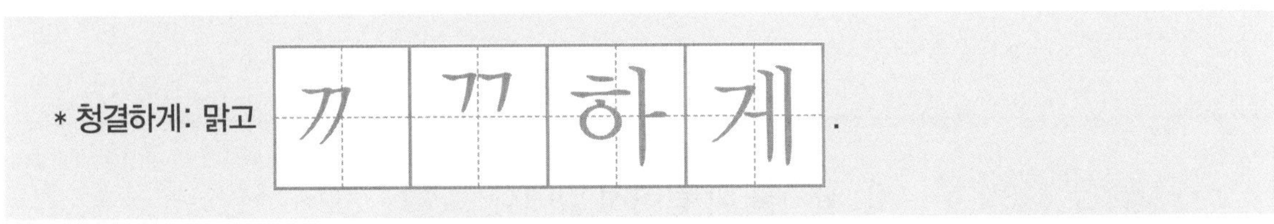

(3) 저는 친구들에게서 엉뚱하다는 말을 자주 들어요.

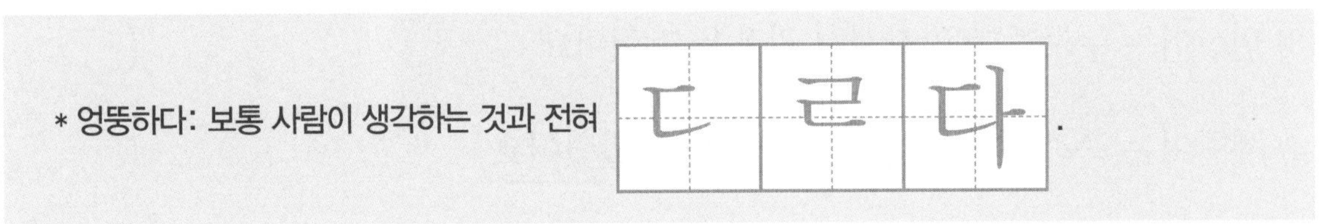

* 엉뚱하다: 보통 사람이 생각하는 것과 전혀 ㄷ ㄹ 다 .

(4) 혜민이가 선물 상자를 끈으로 동여매요.

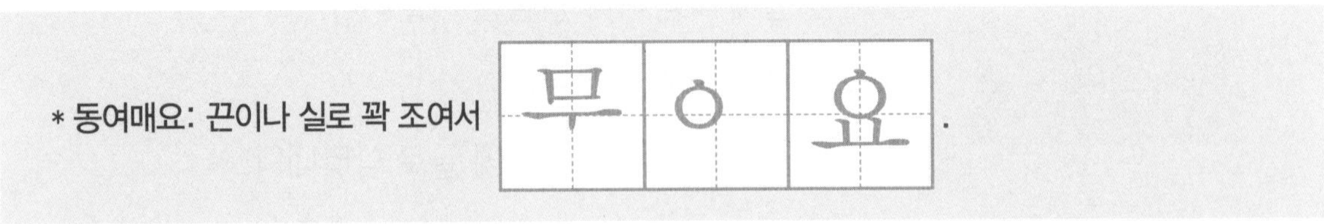

* 동여매요: 끈이나 실로 꽉 조여서 무 ㅇ 요 .

(5) 웅빈이는 자기 잘못을 뉘우치며 진심으로 사과했어요.

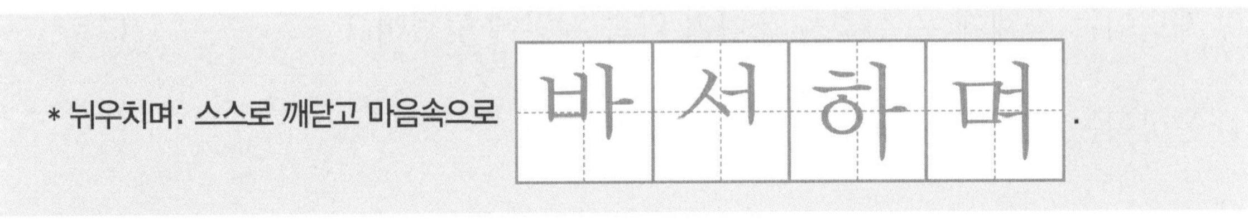

* 뉘우치며: 스스로 깨닫고 마음속으로 바 서 하 며 .

8 원고지 쓰기

 **다음 문장을 괄호 안의 횟수만큼 띄워서 원고지에 옮겨 쓰세요.**

(1) 계산한뒤에포장지를뜯어야해요.(4)

뒤

(2) 네가내게그렇게말할줄몰랐어.(5)

그

(3) 길이막힐때에는지하철을타는편이더나아.(7)

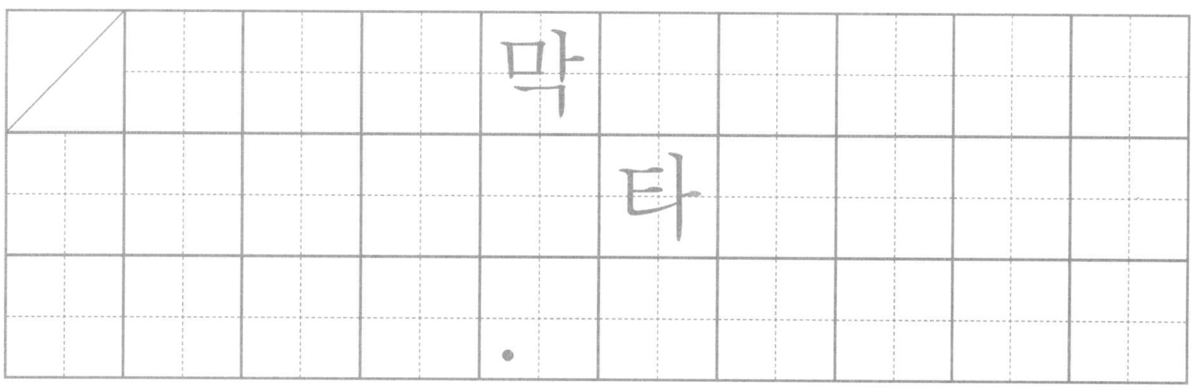

제 7 과 마음을 전해요(1)

1 어디일까요?

 다음 설명을 읽고 빈칸에 알맞은 장소를 쓰세요.

(1) 편지나 소포(포장한 작은 물건)를 받아 전달하는 곳.

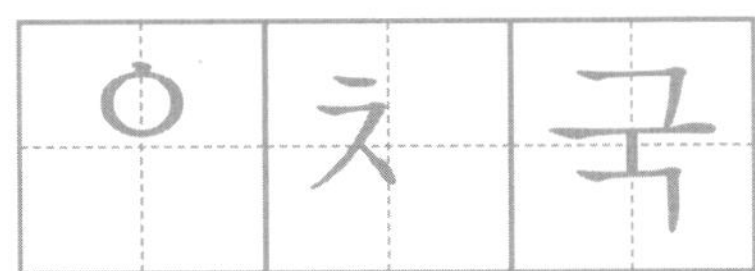

(2) 그림, 조각 등의 작품을 한데 모아 사람들이 볼 수 있게 만든 곳.

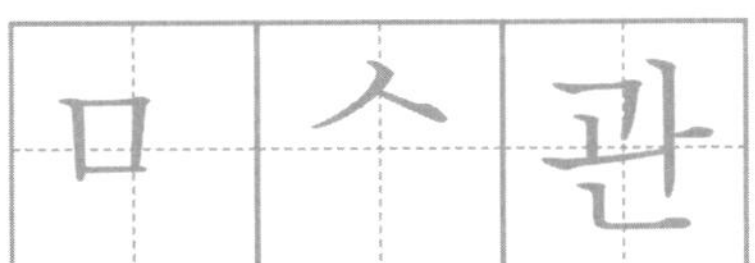

(3) 많은 사람이 모여 여러 가지 물건을 사고파는 곳.

(4) 이나 입안의 질병을 미리 막거나 낫게 하는 곳.

(5) 여러 가지 나무와 풀, 꽃 등을 한데 모아 사람들이 볼 수 있게 만든 곳.

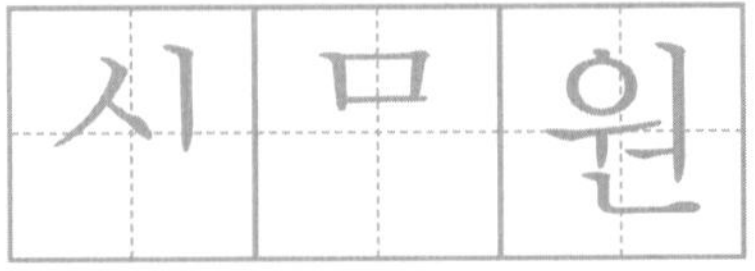

2 쇠붙이

다음 그림과 설명을 보고, 쇠로 만든 물건의 이름을 알맞게 찾아 쓰세요.

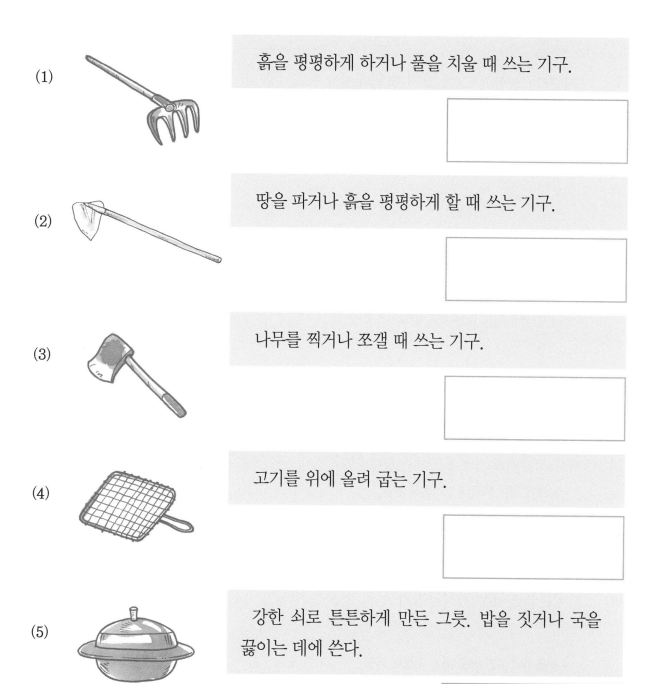

(1) 흙을 평평하게 하거나 풀을 치울 때 쓰는 기구.

(2) 땅을 파거나 흙을 평평하게 할 때 쓰는 기구.

(3) 나무를 찍거나 쪼갤 때 쓰는 기구.

(4) 고기를 위에 올려 굽는 기구.

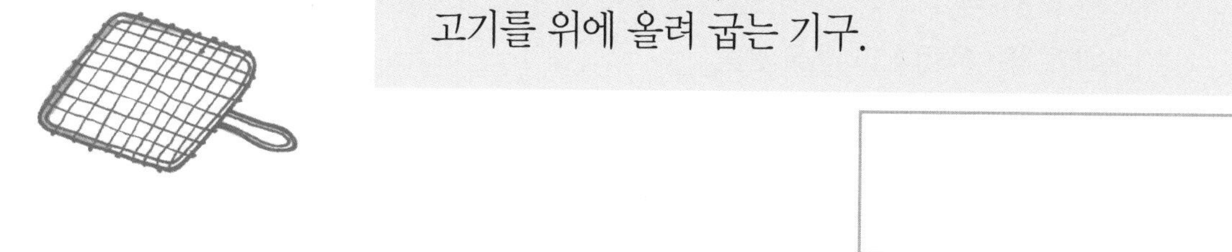

(5) 강한 쇠로 튼튼하게 만든 그릇. 밥을 짓거나 국을 끓이는 데에 쓴다.

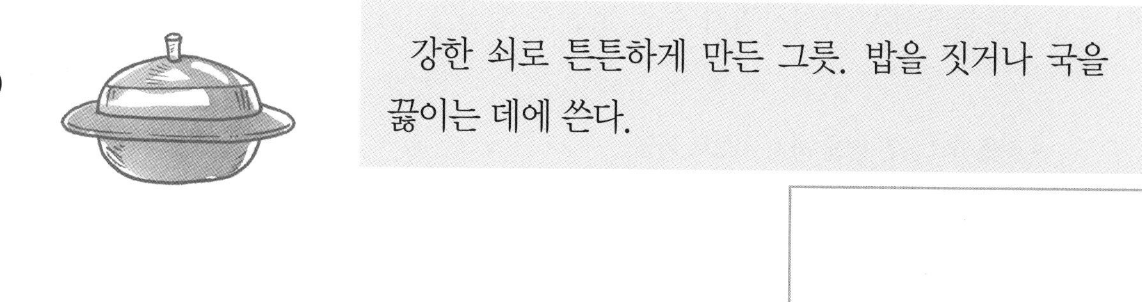

괭이	쇠스랑	도끼	무쇠솥	석쇠

3 무슨 낱말일까요?

(1)

* 병이나 상처 등을 낫게 함.

(2)
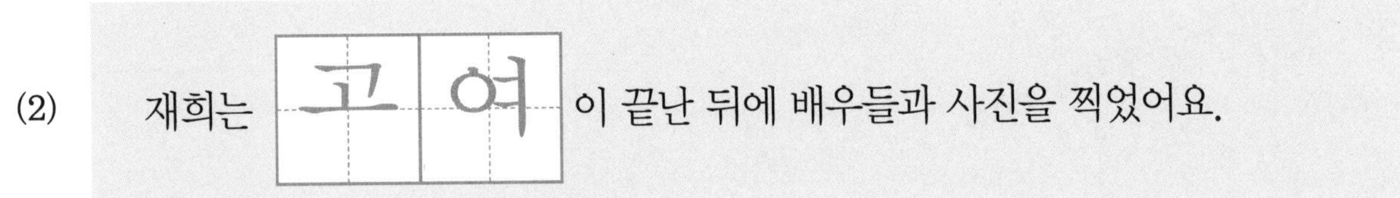

재희는
고 여
이 끝난 뒤에 배우들과 사진을 찍었어요.

* 음악, 연극 등을 많은 사람 앞에서 보이는 일.

(3)
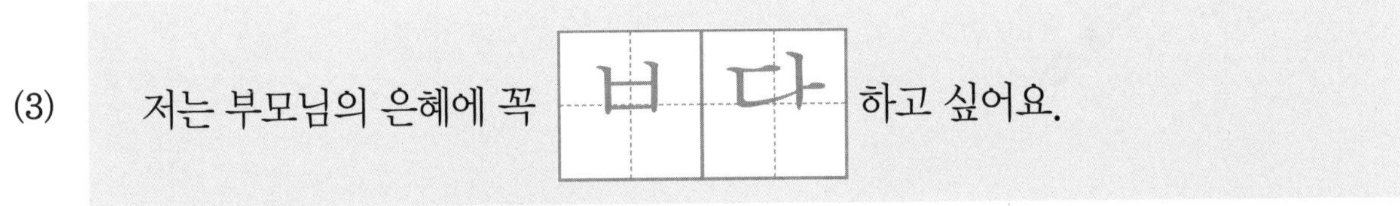

* 남에게 받은 은혜나 고마움을 갚음.

(4)
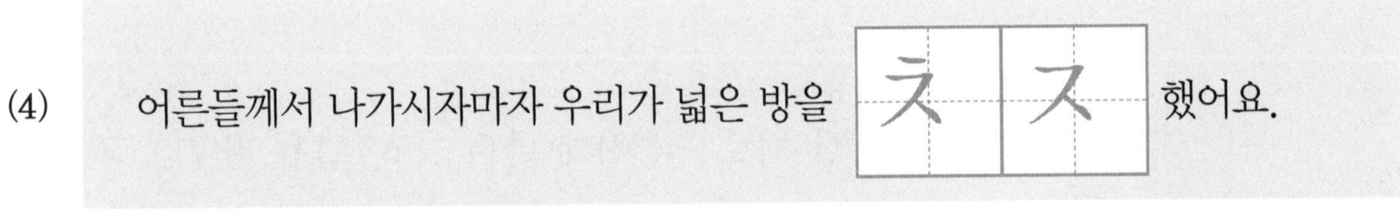

* 사물이나 공간 등을 자기 것으로 가짐.

(5)
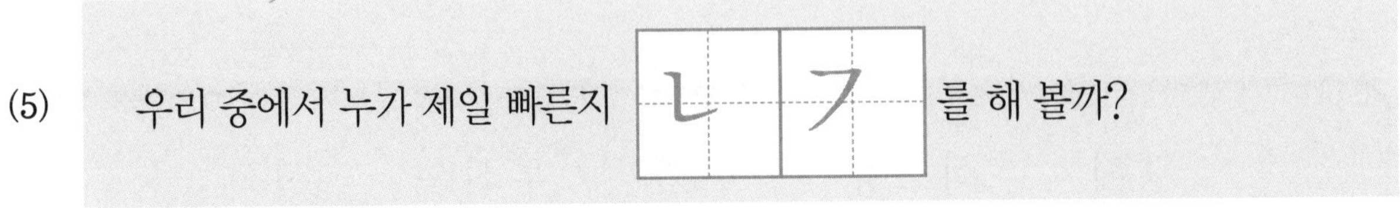

* 물품이나 돈 등을 조건으로 하고 승부를 겨룸.

(6) 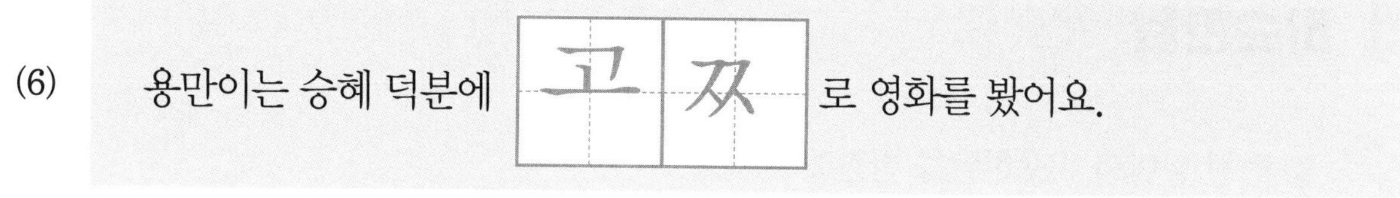
용만이는 승혜 덕분에
고 짜
로 영화를 봤어요.

* 힘이나 돈을 들이지 않고 얻음.

(7) 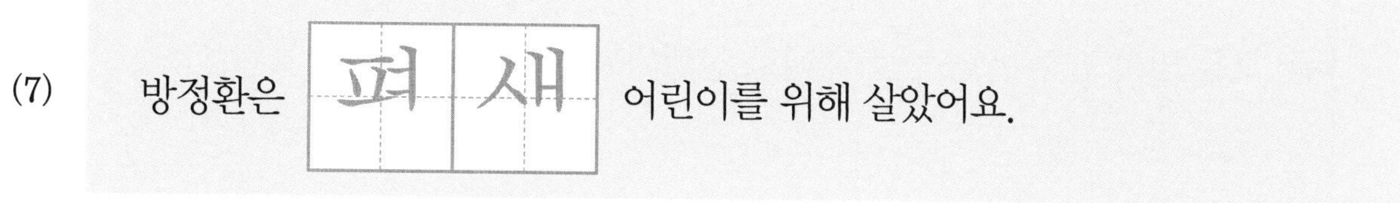
방정환은
평 생
어린이를 위해 살았어요.

* 태어나서부터 죽을 때까지의 동안.

(8) 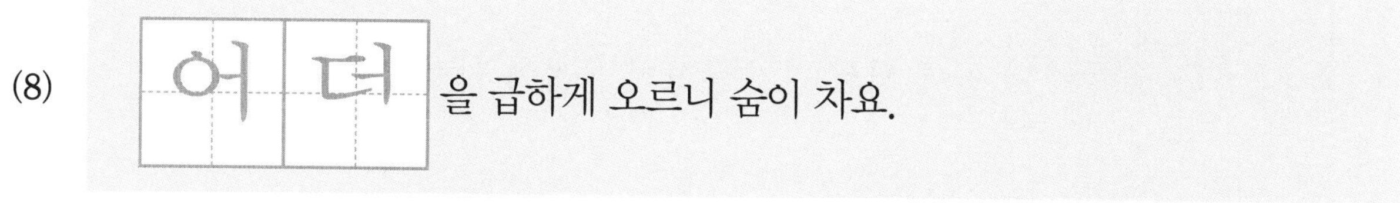
언 덕
을 급하게 오르니 숨이 차요.

* 땅이 주변보다 조금 높은 곳.

(9) 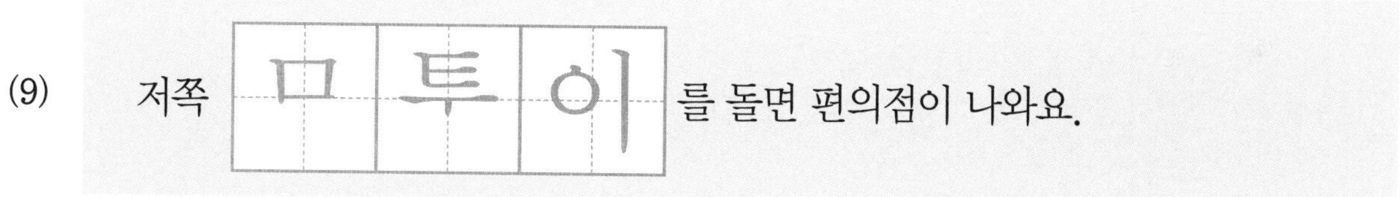
저쪽
모 퉁 이
를 돌면 편의점이 나와요.

* 구부러지거나 꺾어져 돌아간 자리.

(10) 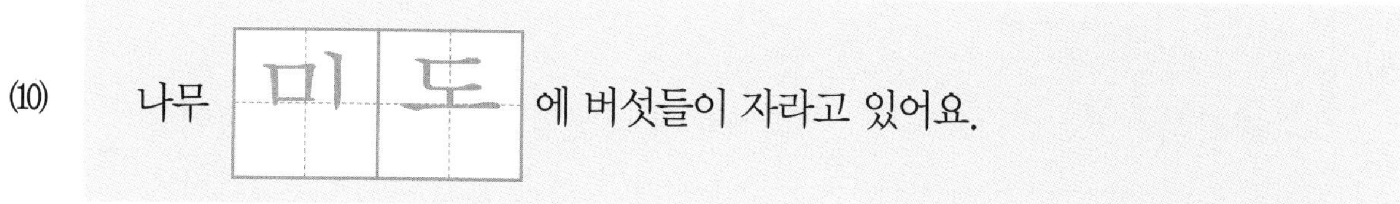
나무
밑 동
에 버섯들이 자라고 있어요.

* 나무줄기에서 뿌리에 가까운 부분.

(11) 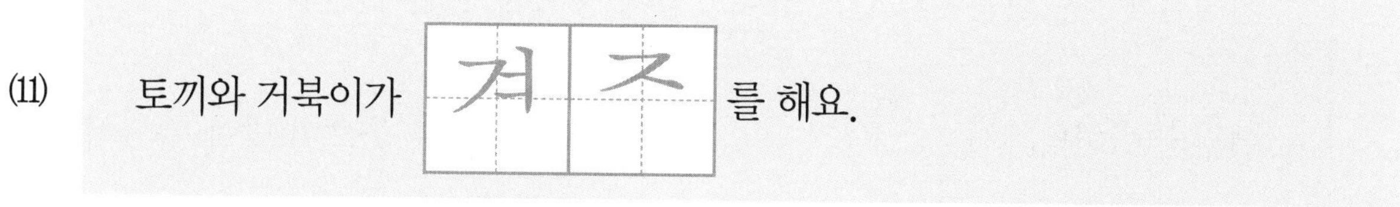
토끼와 거북이가
경 주
를 해요.

* 일정한 거리를 달려 빠르기를 겨루는 일.

4 비슷한말

밑줄 친 낱말의 비슷한말을 빈칸에 쓰세요.

(1) 우리 가족은 내일 아침 일찍 여행을 떠날 <u>계획</u>이에요.
모든 일이 [예 ㅈ] 대로 진행되니 기분이 좋아요.

(2) 수용이는 <u>낭떠러지</u> 아래로 떨어질 뻔했어요.
[ㅂ 라] 끝에 서서 경치를 보니 온몸이 짜릿해요.

(3) 경호의 목소리가 <u>메아리</u>로 돌아왔어요.
[사 우 림] 으로 들리는 새소리가 아름다워요.

(4) 아침부터 <u>강하게</u> 내리던 비가 조금씩 그치기 시작했어요.
바람이 [ㅅ ㅊ 게] 불어 나뭇잎들이 우수수 떨어졌어요.

(5) 선생님께서는 현준이의 잘못을 <u>너그럽게</u> 용서해 주셨어요.
연수네 어머니께서 [이 ㅈ 하 게] 웃으며 맞아 주셨어요.

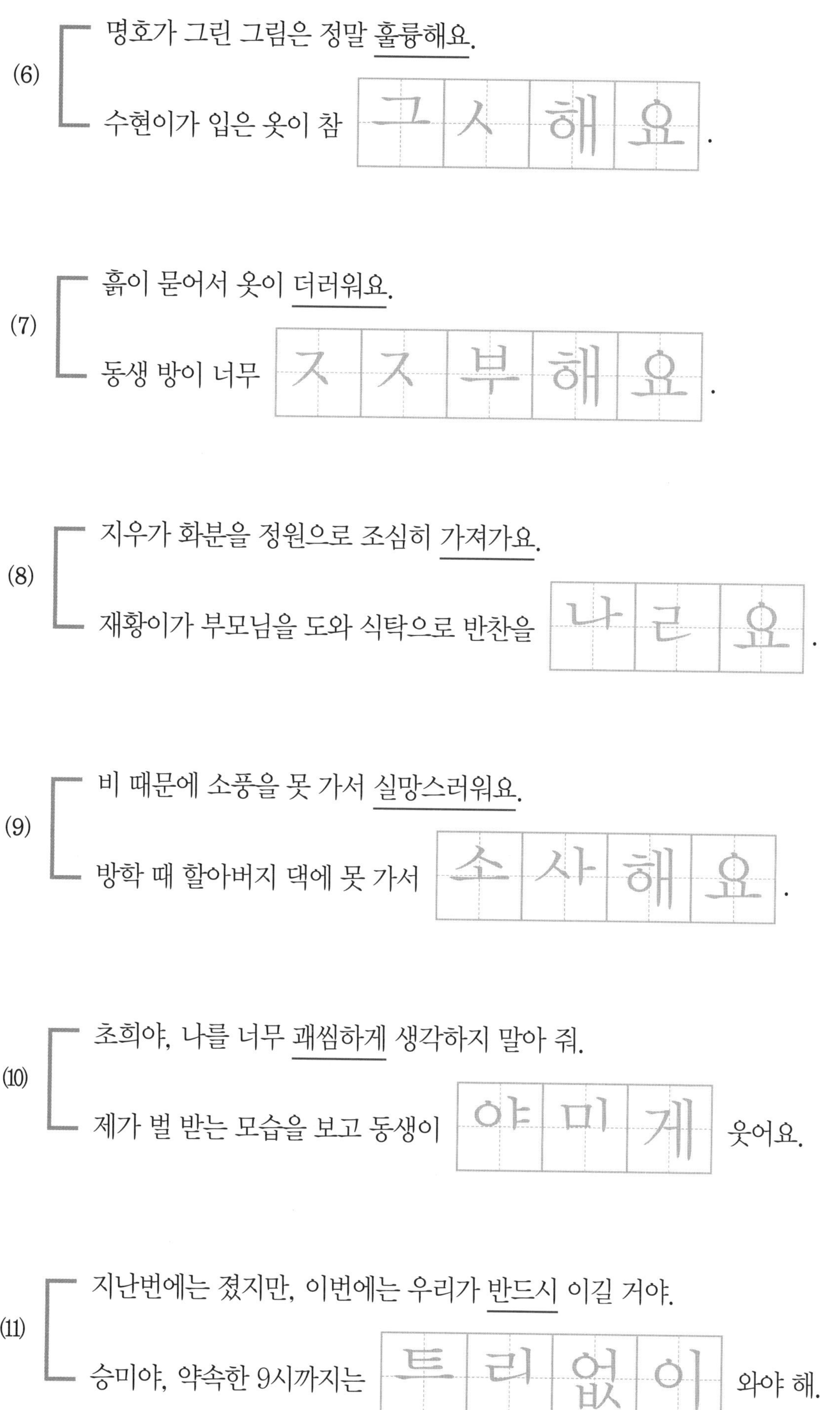

(6) 명호가 그린 그림은 정말 훌륭해요.
수현이가 입은 옷이 참 그ㅅ해요.

(7) 흙이 묻어서 옷이 더러워요.
동생 방이 너무 ㅈㅈ부해요.

(8) 지우가 화분을 정원으로 조심히 가져가요.
재황이가 부모님을 도와 식탁으로 반찬을 나ㄹ요.

(9) 비 때문에 소풍을 못 가서 실망스러워요.
방학 때 할아버지 댁에 못 가서 소사해요.

(10) 초희야, 나를 너무 괘씸하게 생각하지 말아 줘.
제가 벌 받는 모습을 보고 동생이 야미게 웃어요.

(11) 지난번에는 졌지만, 이번에는 우리가 반드시 이길 거야.
승미야, 약속한 9시까지는 트리없이 와야 해.

5 같은 소리, 다른 뜻

글자의 모양과 소리는 같지만 뜻이 다른 낱말이 있습니다. 괄호 안에 공통으로 들어갈 낱말을 빈칸에 쓰세요.

(1) 바 무

① 재광이는 친구들과 우유 공장을 (　　)했어요.

* 어떤 사람이나 장소를 찾아가서 만나거나 봄.

② 혜인아, (　　)을 항상 닫고 다니렴.

* 방으로 드나드는 문.

(2) 자 사

① 아버지께서는 과일 (　　)를 하세요.

* 돈을 벌기 위해 물건을 파는 일.

② 병준이는 무거운 것도 쉽게 들 정도의 (　　)예요.

* 힘이 아주 센 사람.

(3) 이 사

① 저는 영하가 그린 그림이 제일 (　　)에 남았어요.

* 어떤 대상에 대하여 마음속에 새겨지는 느낌.

② 준용이는 마음에 들지 않는 듯 (　　)을 찌푸렸어요.

* 사람 얼굴의 근육이나 눈썹 사이의 주름.

(4) 마 고

① 진구가 꽃향기를 (　　) 재채기를 했어요.

* 코로 냄새를 느끼고.

② 소진이가 연극의 주인공을 (　　) 무척 기뻐했어요.

* 어떤 일을 책임져 담당하고.

6 바르게 쓰기

 **바르게 쓴 낱말에 동그라미 하세요.**

(1) 지원이는 [손벽 / 손뼉] 을 치며 매우 기뻐했어요.

(2) 지안이가 얼굴이 [빨게진 / 빨개진] 채로 자기소개를 해요.

(3) 창환이는 고개를 [저으며 / 젓으며] 잘못을 인정하지 않았어요.

(4) 민하는 땀을 [딱으며 / 닦으며] 매운 떡볶이를 먹었어요.

(5) [산꼭대기 / 산꼭때기] 에 구름이 잔뜩 껴 있어요.

(6) 설희는 [쑥스러운지 / 쑥쓰러운지] 머리를 긁적거렸어요.

제 8 과 마음을 전해요(2)

1 그림 보고 낱말 맞히기

 그림과 설명을 보고 알맞은 낱말을 빈칸에 쓰세요.

(1) 

곡식이나 채소의 씨.

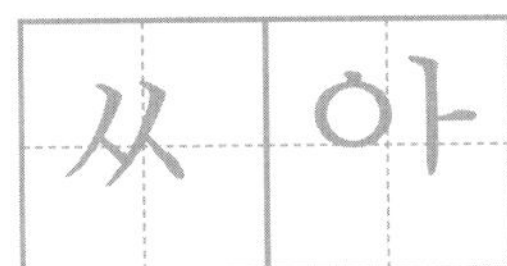

(2) 

옛날에 사용했던 둥글고 납작한 모양의 돈. 가운데에 네모난 구멍이 있다.

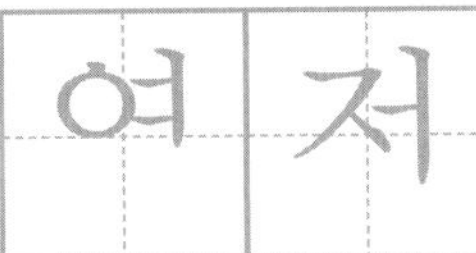

(3) 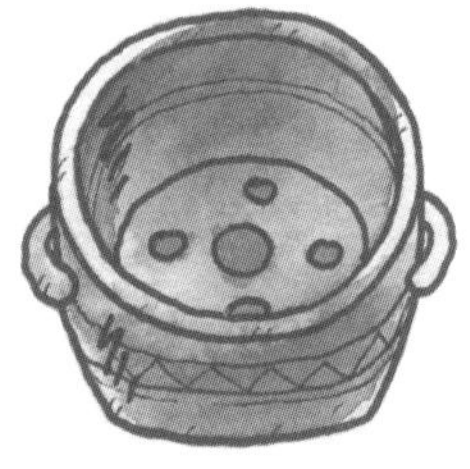

떡이나 쌀 등을 찌는 데 쓰는 둥근 그릇. 바닥에는 구멍이 여러 개 뚫려 있다.

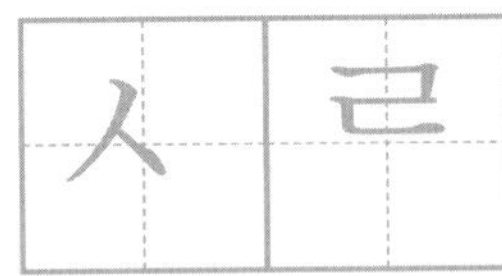

(4) 

입에 물고 불어서 소리를 내어 신호하는 데에 쓰는 도구.

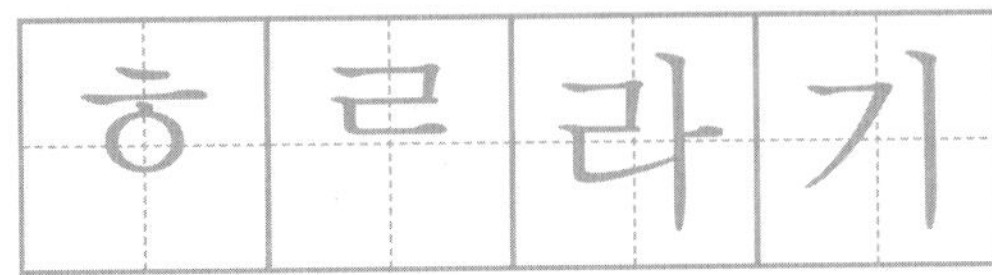

2 꾸며 주는 말

뜻풀이에 알맞은 낱말을 찾아 넣어 문장을 완성하세요.

냉큼	대뜸	저절로	간신히

(1) 설아는 침대에서 뒹굴다가 [ ] 잠에 들었어요.

* 애를 써서 매우 힘들게. 비 겨우

(2) 도진이는 배가 고픈지 소시지빵을 [ ] 먹어 치웠어요.

* 말이나 행동을 망설이지 않고 재빨리.

(3) 은경이를 보자 강후의 얼굴에는 [ ] 미소가 지어졌어요.

* 남의 힘을 빌리지 않고 스스로. 또는 사람이 일부러 힘을 들이지 않고 자연적으로.

(4) 은호는 한별이가 늦게 도착하자 [ ] 화를 냈어요.

* 이것저것 생각하지 않고 그 자리에서 바로.

3 흉내 내는 말

빈칸에 흉내 내는 말을 찾아 넣어 문장을 완성하세요.

(1) 힘이 센 시우는 커다란 무를 [   ] 뽑았어요.

* 껴 있거나 박혀 있던 것을 자꾸 뽑아내는 모양.

(2) [   ] 숨어라, 머리카락 보일라.

* 드러나지 않게 아주 단단히 숨거나 가리는 모양.

(3) 가인이는 낮잠을 자다가 빗소리에 놀라 [   ] 일어났어요.

* 눕거나 앉아 있다가 조금 큰 동작으로 갑자기 일어나는 모양.

(4) 목욕을 하니 몸에서 비누 냄새가 [   ] 났어요.

* 냄새가 가볍게 나는 모양.

(5) 채형이는 경기에 져서 분했는지 [   ] 소리를 질렀어요.

* 화가 나서 갑자기 소리를 지르는 모양.

벌떡	버럭	솔솔	쑥쑥	꼭꼭

 **다음 글자 중 하나를 연속으로 사용하여 흉내 내는 말을 알맞게 만들어 쓰세요.**

큥	냠	낑	껄	엉

(6) 할아버지께서 동생의 재롱을 보시고 [ ] 웃으셨어요.

* 매우 시원스럽고 큰 목소리로 못 참을 듯이 웃는 소리.

(7) [ ] 밥 먹는 아이의 모습을 보니 저도 배가 고파졌어요.

* 어린아이 등이 음식을 맛있게 먹는 소리.

(8) 도윤이는 동화책을 읽다가 갑자기 [ ] 울었어요.

* 목소리를 크게 내어 계속 우는 소리.

(9) 리안이는 감기에 걸려 온종일 [ ] 아파했어요.

* 몹시 아프거나 힘이 들어 괴롭게 자꾸 내는 소리.

(10) 승빈이가 흙을 한 움큼 쥐더니 냄새를 [ ] 맡았어요.

* 콧구멍으로 숨을 세차게 띄엄띄엄 내쉬는 소리.

4 낱말 뜻풀이

빈칸에 알맞은 말을 넣어서 밑줄 친 낱말의 뜻을 풀이하세요.

(1) 어머니께서 들고 오신 바구니에 과일이 가득해요.

(2) 성주네 아버지께서 우리가 먹은 음식값을 몰래 치르고 가셨어요.

(3) 아린이가 발을 헛디뎌 발목을 다쳤어요.

(4) 베짱이는 주린 배를 움켜쥐고 개미네 집을 찾아갔어요.

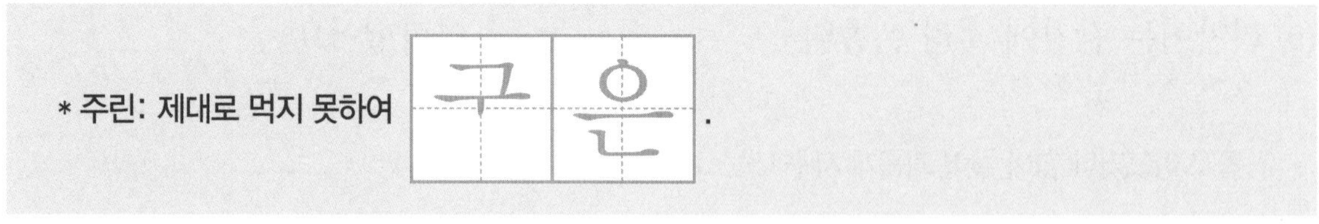

(5) 놀부는 마을에서 지독한 구두쇠로 유명해요.

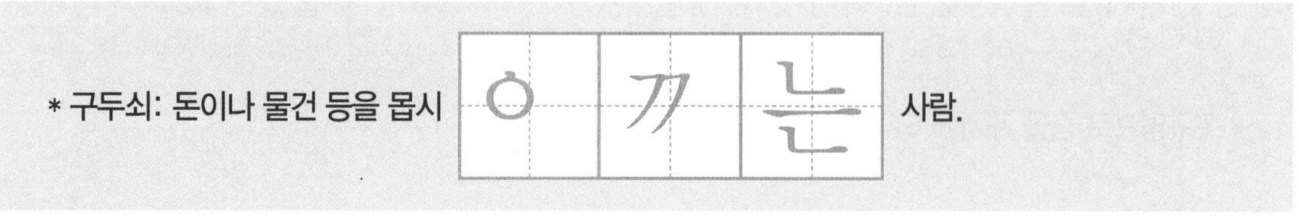

* 구두쇠: 돈이나 물건 등을 몹시
ㅇ ㄲ 는
사람.

5 무슨 뜻일까요?

밑줄 친 낱말의 뜻을 찾아 번호를 쓰세요.

(1) 오누이는 호랑이의 억센 발톱을 보고 깜짝 놀랐어요. ( )

① 단단하지 않고 약한.

② 몹시 긴.

③ 부드럽지 못하고 뻣뻣한.

(2) 라윤이는 기성이가 왜 화났는지 몰라 어리둥절했어요. ( )

① 알고 싶어 마음이 몹시 답답하고 안타까웠어요.

② 다른 사람에게 이유를 물어봤어요.

③ 이유를 몰라 당황했어요.

(3) 이 길은 울퉁불퉁해서 자전거를 탈 때 조심해야 돼요. ( )

① 고르지 않게 여기저기 나오고 들어가 있어서.

② 이리저리 구부러져 있어서.

③ 사물을 또렷하게 알아볼 수 없을 정도로 어두워서.

(4) 동생이 식탁 위에 먹을 반찬이 없다고 투덜대요. ( )

① 큰 목소리로 자꾸 불평을 해요.

② 작은 목소리로 자꾸 불평을 해요.

③ 솔직하게 말해요.

6 바꾸어 쓰기

 **밑줄 친 부분을 한 낱말로 바꾸어 쓰세요.**

(1) 아버지께서는 화단의 중심에서 멀리 떨어진 끝부분에 꽃을 가지런히 심으셨어요.

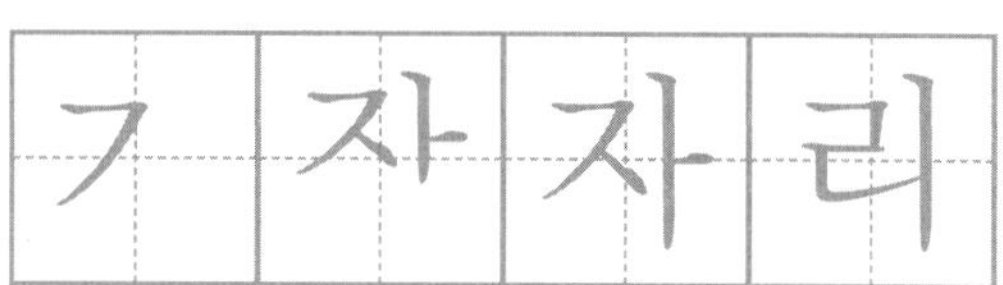

(2) 호재는 수업이 끝나자마자 쏜 화살과 같이 매우 빠르게 집으로 달려갔어요.

(3) 채윤이는 두 눈을 무섭고 사나울 정도로 크게 뜨고 우리를 지켜봤어요.

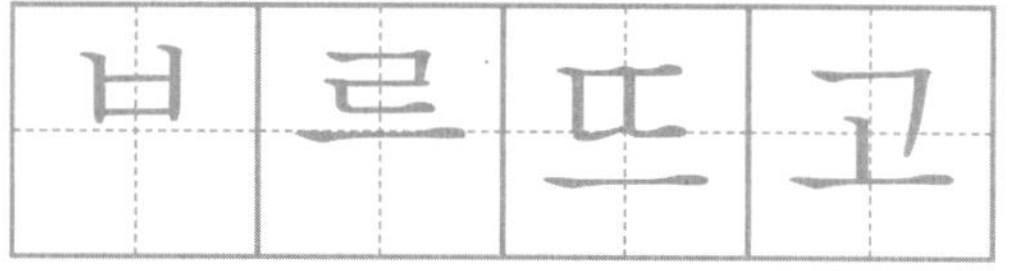

(4) 옆집 감나무에 가지고 싶을 정도로 보기가 좋은 감들이 주렁주렁 달렸어요.

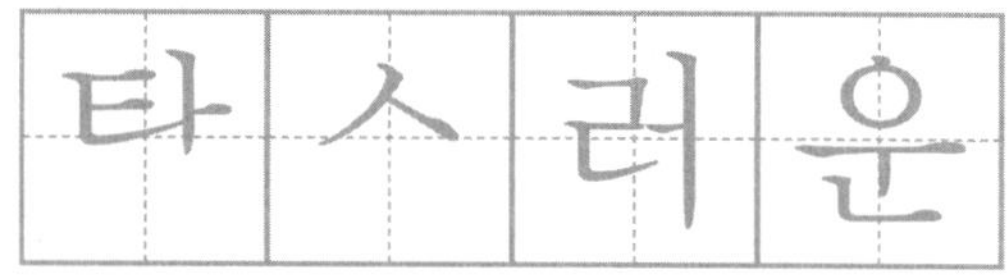

(5) 친구들은 소율이의 말에 고개를 위아래로 가볍게 움직이며 손뼉을 쳤어요.

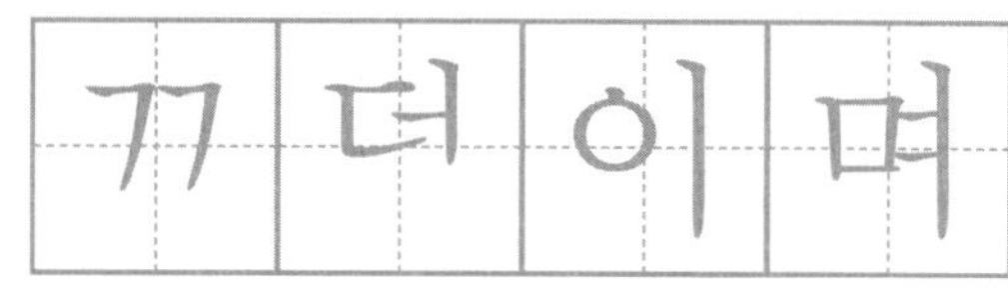

7 원고지 쓰기

 **다음 문장을 괄호 안의 횟수만큼 띄워서 원고지에 옮겨 쓰세요.**

(1) 내가도와줄테니너무걱정하지마.(5)

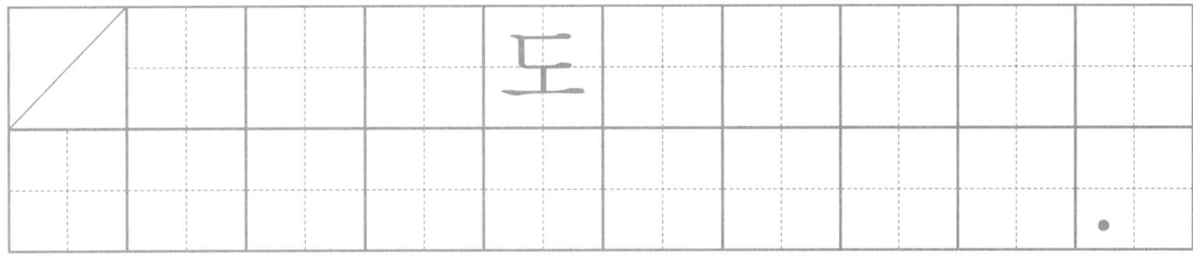

(2) 내생일파티에꼭와주길바라.(6)

파

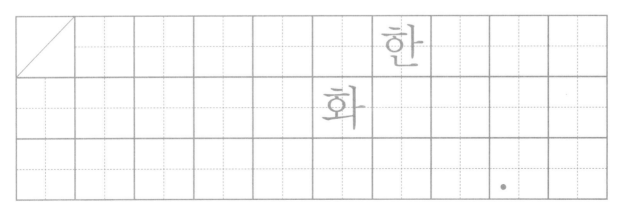

(3) 유진이는한번도친구에게화를내본적이없어요.(8)

한

화

제 9 과 바른 말로 이야기 나누어요(1)

1 누구일까요?

 **다음 설명을 읽고 빈칸에 알맞은 낱말을 쓰세요.**

(1) 옛날에, 백성들이 마을을 다스리던 사람을 높여 이르던 말.

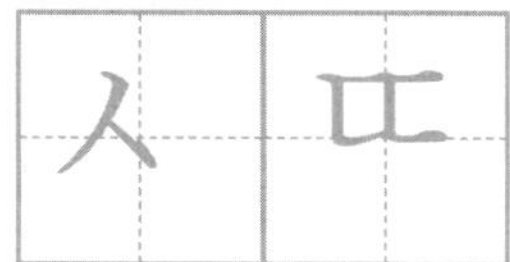

(2) 벼슬이 없는 남자의 성 뒤에 붙여 이르는 말.

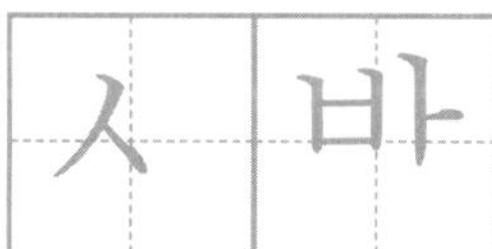

(3) 나이가 많은 남자를 이르는 말.

(4) 부모님과 나이가 비슷하거나 그보다 많은 사람을 높여 이르는 말.

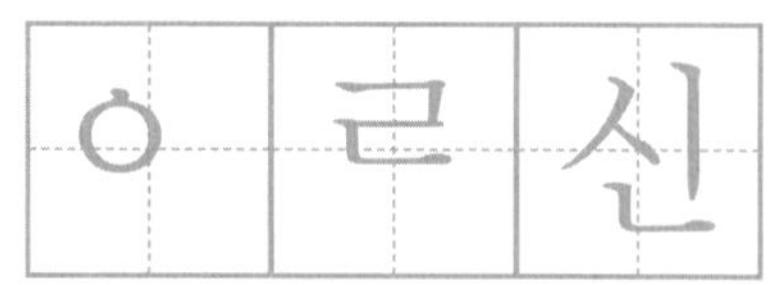

(5) 편지나 작은 물건을 모아서 배달하는 사람.

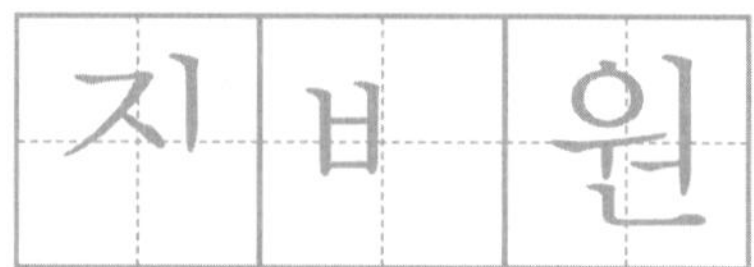

2 끝말잇기

 다음 뜻을 보고 알맞은 낱말을 넣어 끝말잇기를 완성하세요.

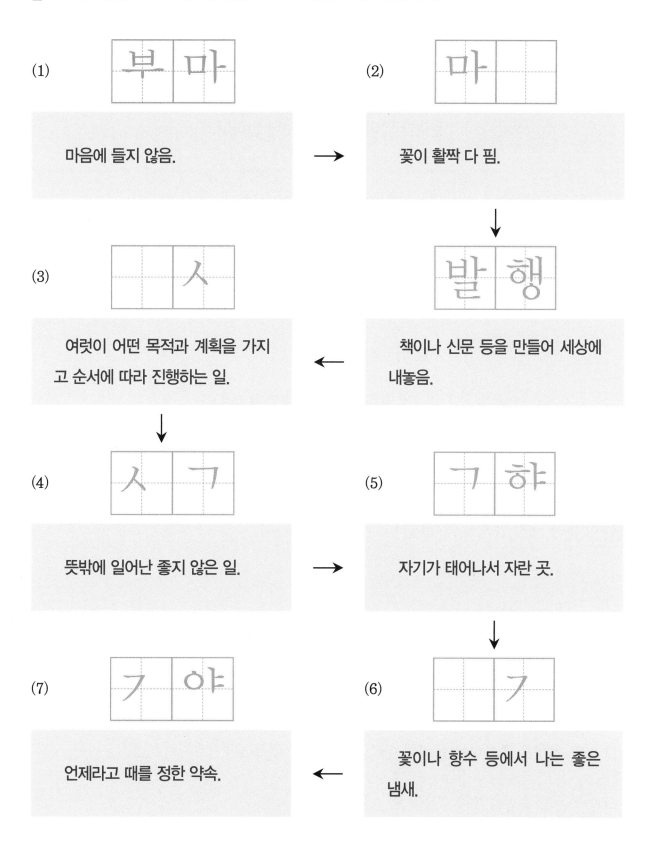

(1) 부 마

마음에 들지 않음.

→

(2) 마

꽃이 활짝 다 핌.

↓

발 행

책이나 신문 등을 만들어 세상에 내놓음.

←

(3) ㅅ

여럿이 어떤 목적과 계획을 가지고 순서에 따라 진행하는 일.

↓

(4) ㅅ ㄱ

뜻밖에 일어난 좋지 않은 일.

→

(5) ㄱ 햐

자기가 태어나서 자란 곳.

↓

(6) ㄱ

꽃이나 향수 등에서 나는 좋은 냄새.

←

(7) ㄱ 야

언제라고 때를 정한 약속.

3 '적다'와 '작다'

 **소리는 비슷하지만 뜻이 다른 낱말이 있어요. 알맞은 낱말에 동그라미 하세요.**

적다	: 수나 양 등이 보통보다 덜하다.
작다	: 길이나 넓이 등이 보통보다 덜하다.

(1) 저는 우리 반에서 키가 제일 (적어요 / 작아요).

(2) 우리 학교에는 남자 학생이 많고 여자 학생은 (적어요 / 작아요).

같다	: 서로 다르지 않다.
갚다	: 남에게 빌린 것을 원래대로 돌려주다.

(3) 태연이는 저와 나이도 (같고 / 갚고) 성격도 비슷해요.

(4) 이 돈은 제가 반드시 (같겠습니다 / 갚겠습니다).

다르다	: 비교되는 두 대상이 서로 같지 않다.
틀리다	: 사실이나 계산 등이 맞지 않다.

(5) 저와 동생은 좋아하는 음식이 아주 (달라요 / 틀려요).

(6) 동생은 맞춤법을 자주 (달라요 / 틀려요).

바라다	: 어떤 일이나 상태가 생각대로 이루어지길 기대하다.
바래다	: 햇볕이나 물기로 인하여 색이 변하다.

(7) 주원아, 내 잘못을 용서해 주길 (바라 / 바래).

(8) 오래되어 색이 (바란 / 바랜) 부모님 결혼사진을 사진첩에서 찾았어요.

가리키다	: 손가락 등으로 어떤 방향이나 대상을 집어서 알리다.
가르치다	: 무엇을 알게 하거나 익히게 하다.

(9) 형이 동생에게 맞춤법을 (가리켜요 / 가르쳐요).

(10) 수빈이가 하늘을 보며 손을 뻗어 비행기를 (가리켜요 / 가르쳐요).

잃어버리다	: 가졌던 물건이 자기도 모르게 없어져 갖지 않게 되다.
잊어버리다	: 알았던 것을 기억하지 못하다.

(11) 성빈이는 챙겨야 할 준비물이 무엇인지 (잃어버렸어요 / 잊어버렸어요).

(12) 예솔이는 급하게 뛰어가다가 지갑을 (잃어버렸어요 / 잊어버렸어요).

4 동작을 나타내는 말

빈칸에 동작을 나타내는 말을 알맞게 넣어 문장을 완성하세요.

(1)

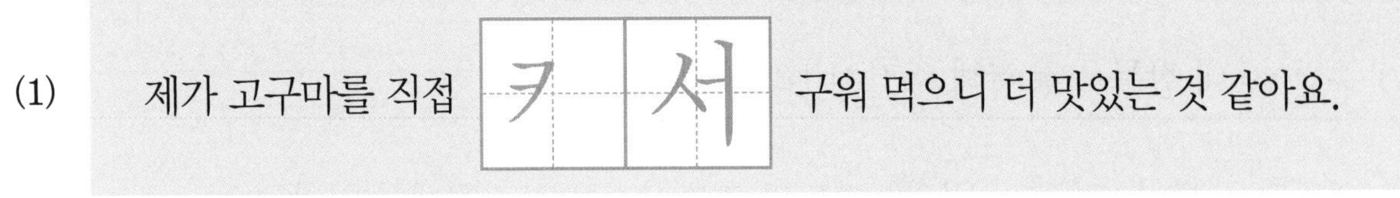

제가 고구마를 직접
ㅋ 서
구워 먹으니 더 맛있는 것 같아요.

* 땅속에 묻힌 것을 파서 꺼내어서.

(2)

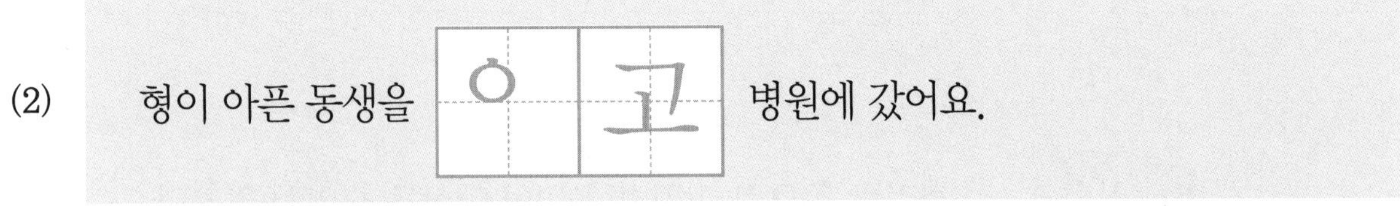

* 사람이나 동물 등을 등에 붙어 있게 하고.

(3)

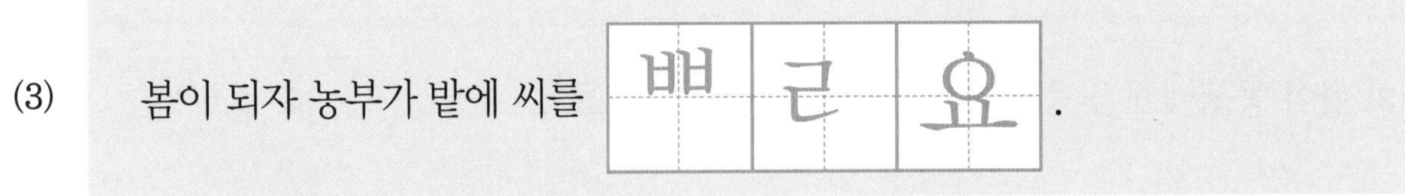

* 곳곳에 흩어지도록 던지거나 떨어뜨려요.

(4)

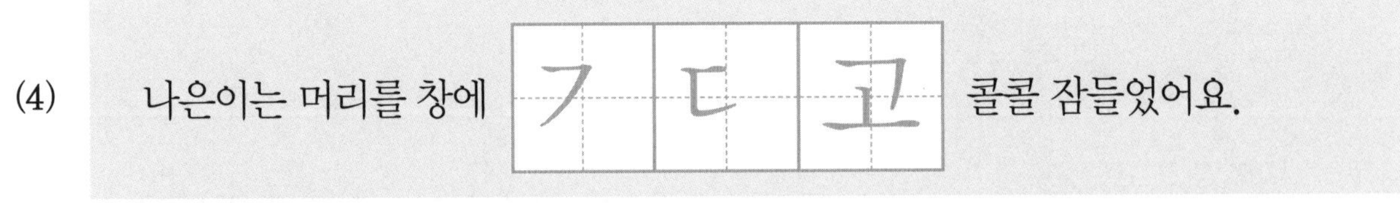

나은이는 머리를 창에
ㄱ ㄷ 고
콜콜 잠들었어요.

* 몸이나 물건을 무엇에 의지하면서 비스듬히 닿게 하고.

(5)

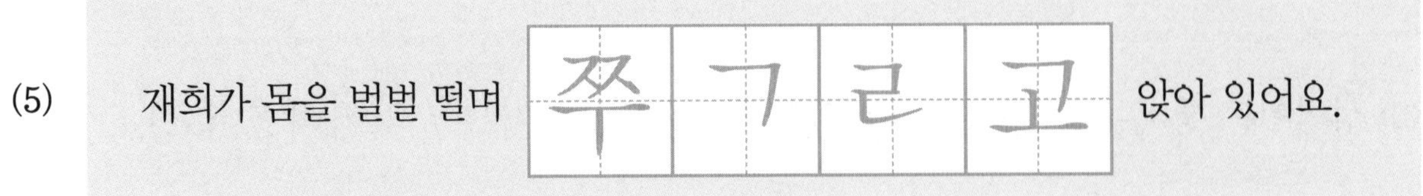

* 팔다리를 안쪽으로 접어 몸을 작게 만들고.

5 흉내 내는 말

다음 글자를 이용해, 흉내 내는 말을 빈칸에 알맞게 쓰세요.

굴 모 팔 데 락 랑

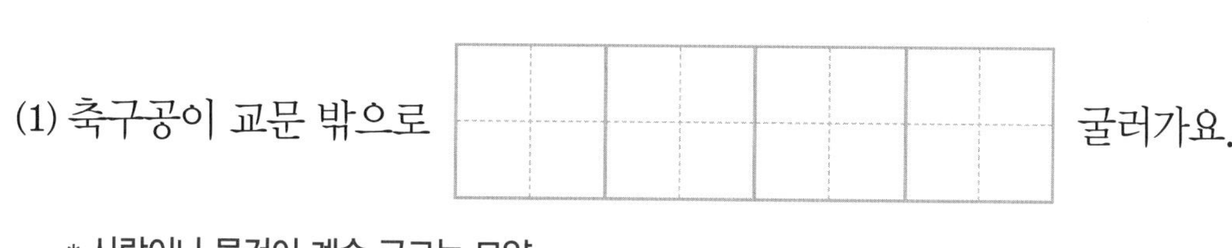

(1) 축구공이 교문 밖으로 ☐☐☐☐ 굴러가요.

* 사람이나 물건이 계속 구르는 모양.

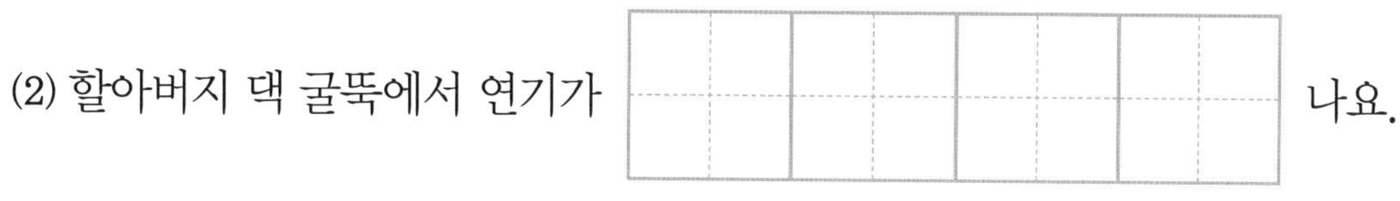

(2) 할아버지 댁 굴뚝에서 연기가 ☐☐☐☐ 나요.

* 연기나 냄새 등이 계속 조금씩 위로 올라가는 모양.

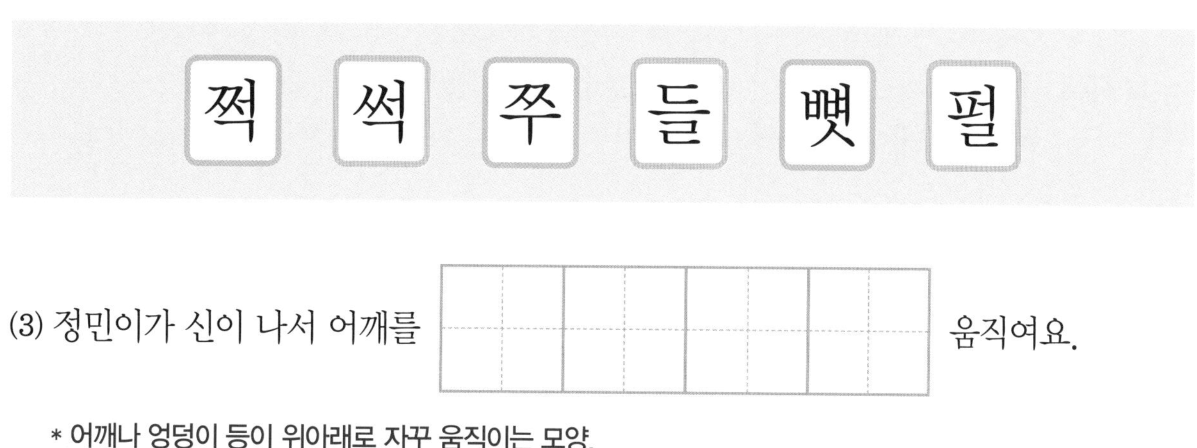

(3) 정민이가 신이 나서 어깨를 ☐☐☐☐ 움직여요.

* 어깨나 엉덩이 등이 위아래로 자꾸 움직이는 모양.

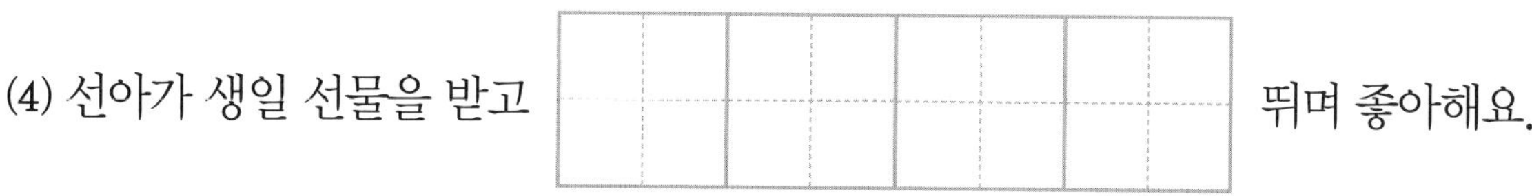

(4) 선아가 생일 선물을 받고 ☐☐☐☐ 뛰며 좋아해요.

* 갑자기 힘차게 자꾸 뛰어오르거나 날아오르는 모양.

6 바르게 쓰기

바르게 쓴 낱말에 동그라미 하세요.

(1) 한나는 기지개를 [켜고 / 키고] 자리에서 일어났어요.

(2) 성호가 달리자 태영이도 [덩달아 / 덩다라] 뛰었어요.

(3) 유진이의 빨간 머리핀이 눈에 [띠어요 / 띄어요].

(4) 나희는 [설레는 / 설레이는] 마음으로 여행을 떠났어요.

(5) 건우가 땅을 [파해쳐서 / 파헤쳐서] 흙을 주머니에 잔뜩 담았어요.

(6) 뱀이 개구리를 [통채로 / 통째로] 삼켜요.

제 10 과 바른 말로 이야기 나누어요(2)

1 그림 보고 낱말 맞히기

 그림과 설명을 보고 알맞은 낱말을 빈칸에 쓰세요.

(1) 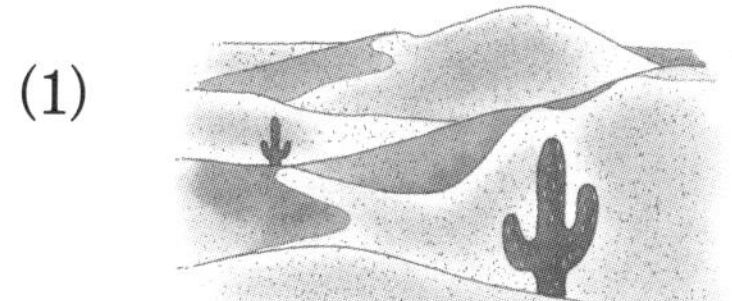

비가 아주 적게 내려 식물이 거의 자랄 수 없는 곳.

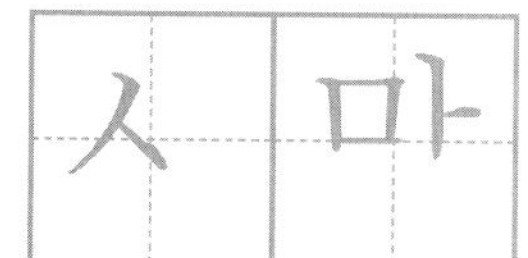

(2) 

땅에 박기 위해 한쪽 끝을 뾰족하게 만든 막대기.

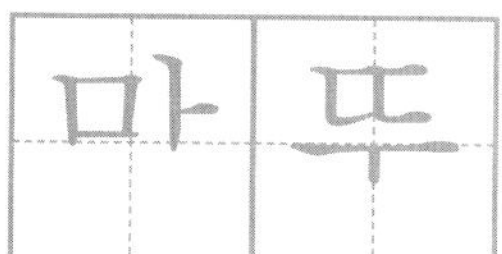

(3) 

방이나 솥 등에 열을 보내기 위해 만든 구멍.

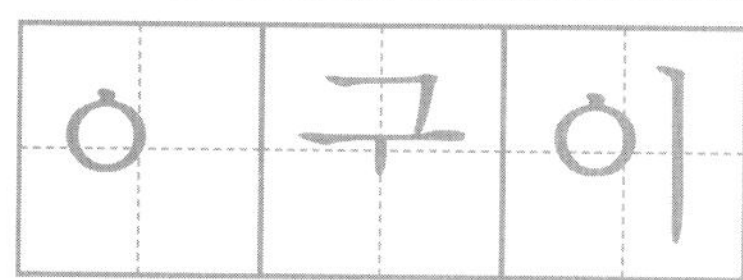

(4) 

대나무 등으로 엮어 만든 둥근 그릇.

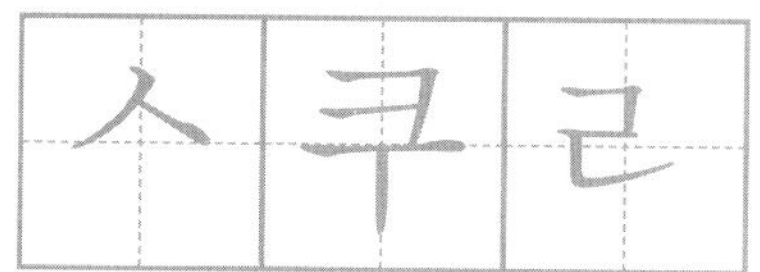

2 어떻게 읽을까요?

앞 글자의 끝소리가 뒤 글자의 첫소리와 만날 때, 자음끼리 영향을 주고받아 소리가 닮기도 합니다. 그러나 쓸 때에는 글자의 원래 모양대로 적습니다.

1. 끝소리 'ㄱ, ㄷ, ㅂ'이 첫소리 'ㄴ, ㅁ'을 만나면 [ㅇ, ㄴ, ㅁ]으로 소리 납니다.

예 국민 [궁민], 받는 [반는], 밥맛 [밤맏]

2. 끝소리 'ㄹ'이 첫소리 'ㄴ'을 만나거나, 끝소리 'ㄴ'이 첫소리 'ㄹ'을 만나면 'ㄴ'이 [ㄹ]로 소리 납니다.

예 설날 [설랄], 분리 [불리]

다음 낱말을 소리 나는 대로 쓰세요.

(1) 국물 [ ]　　(2) 작년 [ ]

(3) 듣는 [ ]　　(4) 십만 [ ]

(5) 달님 [ ]　　(6) 난로 [ ]

3 꾸며 주는 말

뜻풀이에 알맞은 낱말을 찾아 넣어 문장을 완성하세요.

어느새　　왠지　　마냥　　내내

(1) 우리는 선생님께서 오실 때까지 [　　　　] 기다렸어요.

* 언제까지나 계속.

(2) 혜란이는 오후 [　　　　] 친구랑 이야기를 나누었어요.

* 처음부터 끝까지 계속해서.

(3) 오늘은 [　　　　] 아버지께서 일찍 오실 것 같아요.

* 분명한 이유도 없이.

(4) 친구와 재미있게 놀다 보니 [　　　　] 하늘이 어두워졌어요.

* 알지 못한 사이에 벌써.

4 무슨 낱말일까요?

빈칸에 알맞은 낱말을 넣어 문장을 완성하세요.

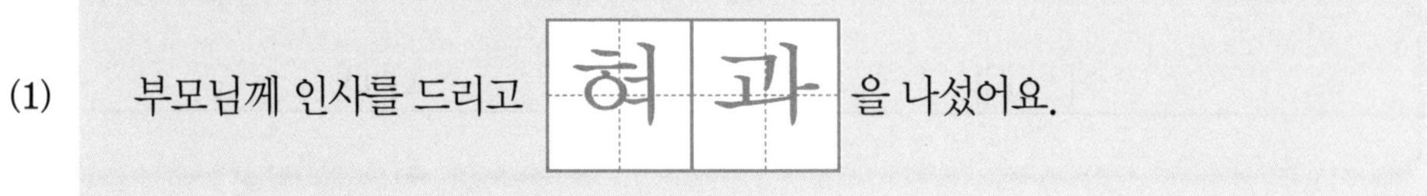

(1) 부모님께 인사를 드리고 [혀][과] 을 나섰어요.

* 건물이나 집에서, 나가거나 들어갈 수 있는 문이 있는 곳.

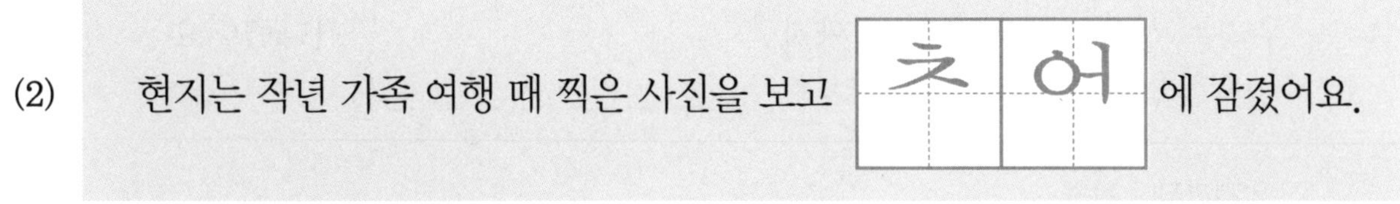

(2) 현지는 작년 가족 여행 때 찍은 사진을 보고 [ㅊ][어] 에 잠겼어요.

* 지나간 일을 돌이켜 생각함.

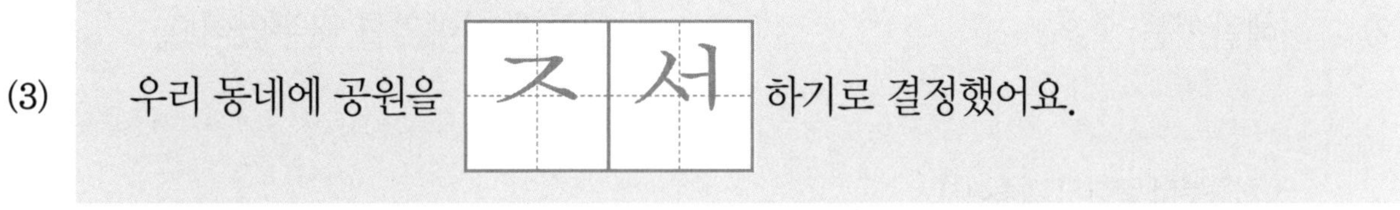

(3) 우리 동네에 공원을 [ㅈ][서] 하기로 결정했어요.

* 무엇을 만들어서 이룸.

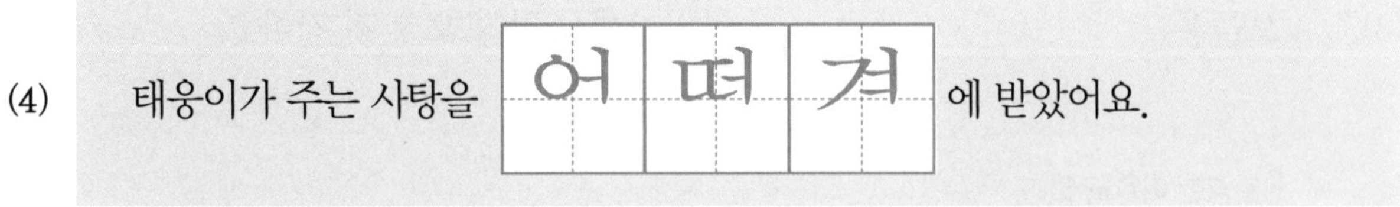

(4) 태웅이가 주는 사탕을 [어][떠][겨] 에 받았어요.

* 뜻밖의 일을 갑자기 당하거나, 여러 가지 일이 너무 복잡해 정신이 없는 상태.

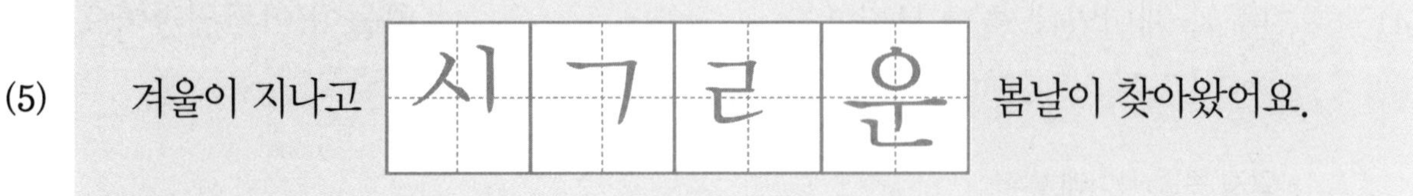

(5) 겨울이 지나고 [시][ㄱ][ㄹ][운] 봄날이 찾아왔어요.

* 싱싱하고 맑은 분위기가 있는.

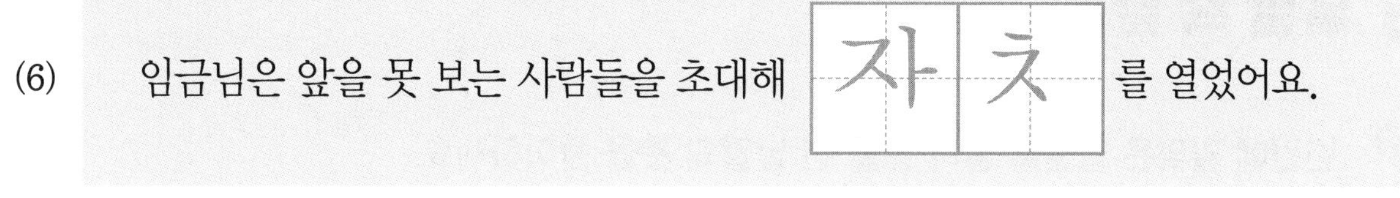

(6) 임금님은 앞을 못 보는 사람들을 초대해 자 ㅊ 를 열었어요.

* 기쁜 일이 있을 때 음식을 차려 놓고 여러 사람이 모여 즐기는 일.

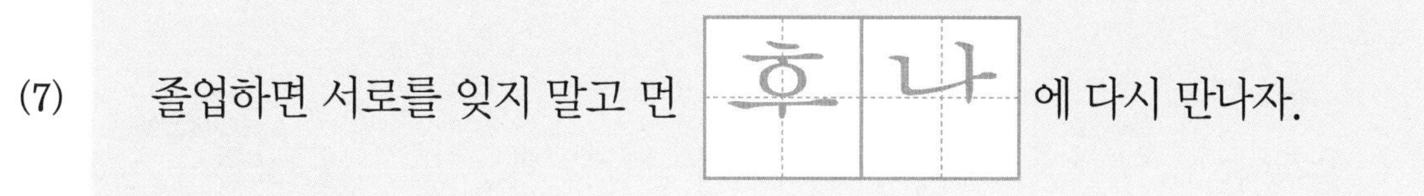

(7) 졸업하면 서로를 잊지 말고 먼 후 나 에 다시 만나자.

* 시간이 지나 뒤에 올 날. 비 미래

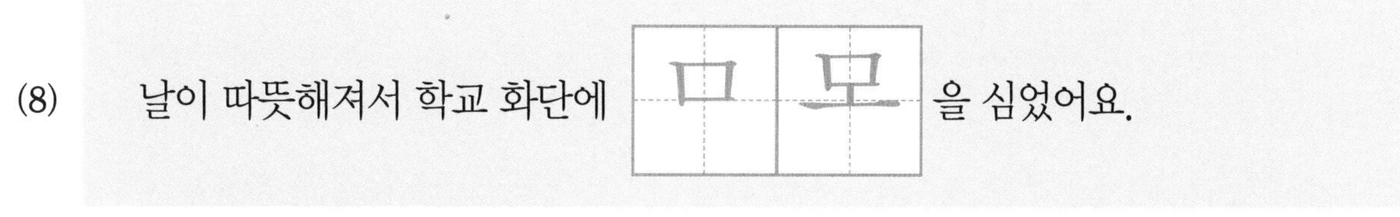

(8) 날이 따뜻해져서 학교 화단에 ㅁ 모 을 심었어요.

* 옮겨 심기 위해 기르는 어린나무.

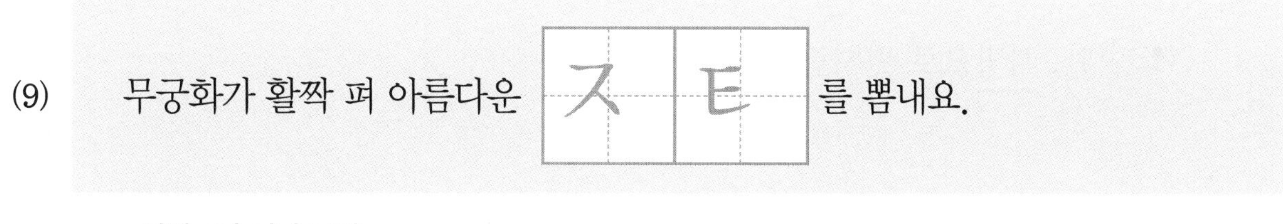

(9) 무궁화가 활짝 펴 아름다운 ㅈ ㅌ 를 뽐내요.

* 어떤 모습이나 모양.

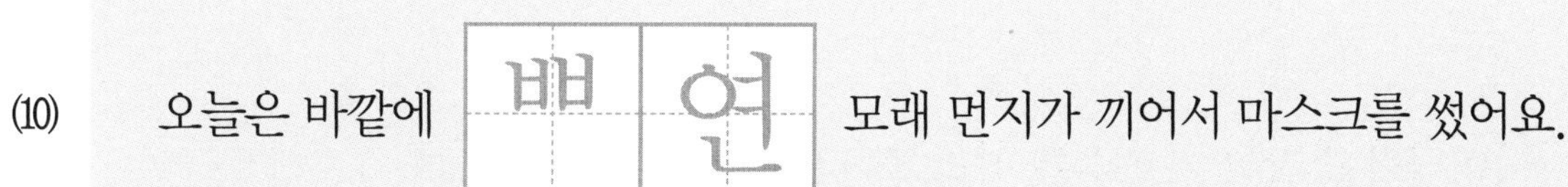

(10) 오늘은 바깥에 ㅃ 연 모래 먼지가 끼어서 마스크를 썼어요.

* 연기나 안개가 낀 것처럼 잘 보이지 않고 좀 허연.

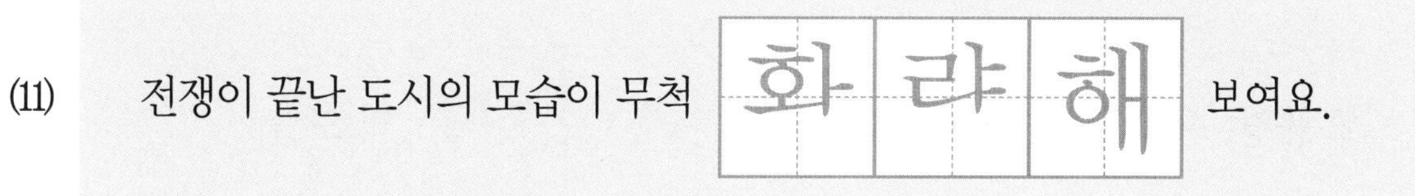

(11) 전쟁이 끝난 도시의 모습이 무척 화 랴 해 보여요.

* 땅이나 숲 등이 거칠고 쓸쓸해.

5 낱말 속 낱말

빈칸에 알맞은 낱말을 넣어 밑줄 친 낱말의 뜻을 풀이하세요.

(1) 종민이는 옥수수 한 알갱이를 쏙 빼 먹었어요.

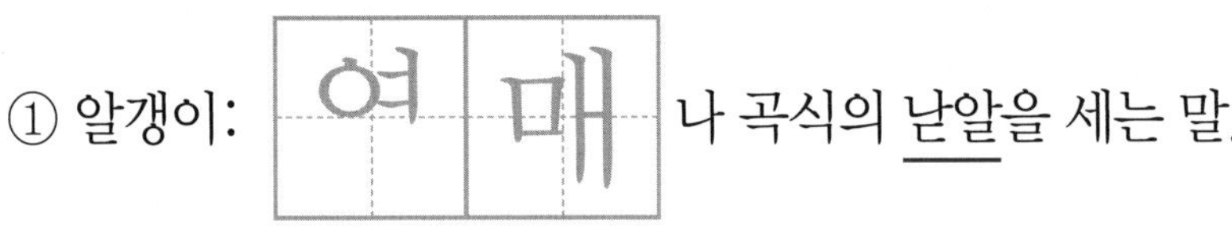
① 알갱이: [여][매] 나 곡식의 낟알을 세는 말.

② 낟알: [꺼][지] 을 벗기지 않은 곡식의 알.

(2) 말을 타고 벌판을 신나게 달리는 꿈을 꾸었어요.

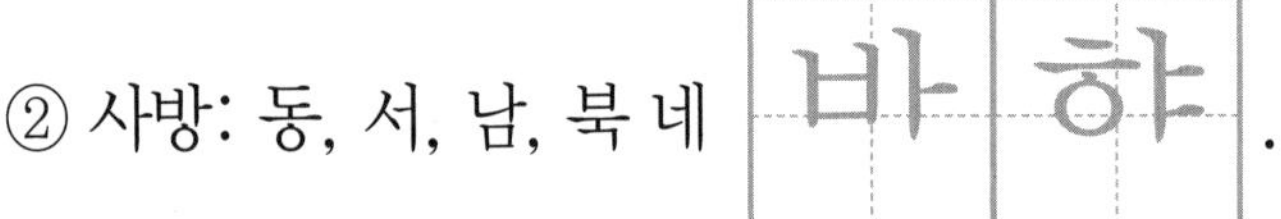
① 벌판: 사방으로 펼쳐진 넓고 평평한 [ㄸ].

② 사방: 동, 서, 남, 북 네 [바][햐].

(3) 어머니와 손잡고 가로수를 따라 쭉 걸었어요.

① 가로수: 거리의 풍경을 위해 길을 따라 줄지어 심은 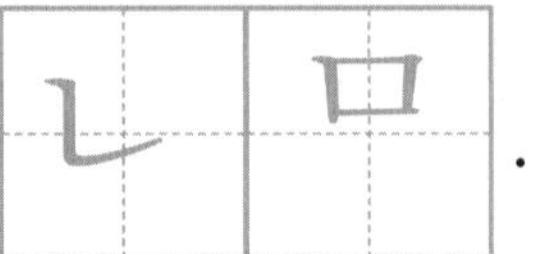 [ㄴ][ㅁ].

② 풍경: 산이나 들, 강, 바다와 같은 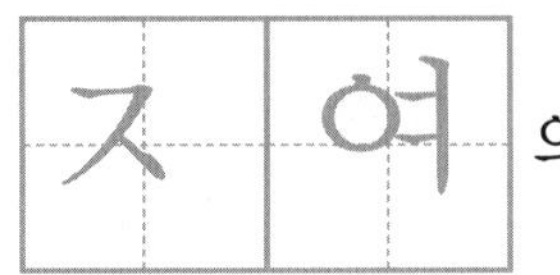 [ㅈ][ㅇ] 의 모습.

6 원고지 쓰기

 **다음 문장을 괄호 안의 횟수만큼 띄워서 원고지에 옮겨 쓰세요.**

(1) 엄지손가락만한벌레가기어가요.(3)

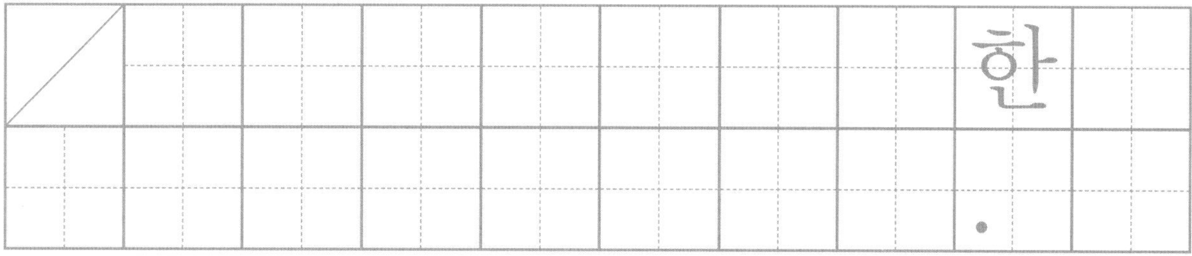

(2) 이번주는지난주보다훨씬더워요.(4)

(3) 박물관에는몇백년전에썼던물건들이전시되어있다.(7)

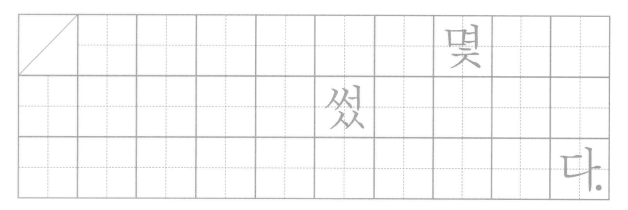

제 11 과 매체를 경험해요(1)

1 보다

다음은 '보다'와 다른 낱말이 만나 만들어진 말입니다. 빈칸에 알맞은 낱말을 쓰세요.

(1) 주찬이는 까치발을 들고 창문으로 교실 안을 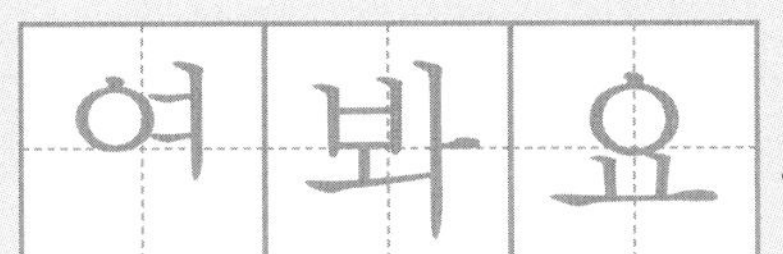

.

* 남몰래 봐요.

(2) 희선이가 풀밭에서 뛰어노는 강아지를 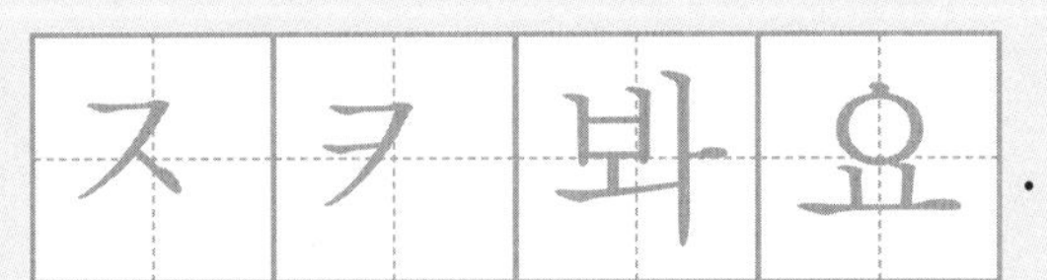

.

* 관심이나 주의를 기울여 바라봐요.

(3) 종건이가 저의 눈을 빤히 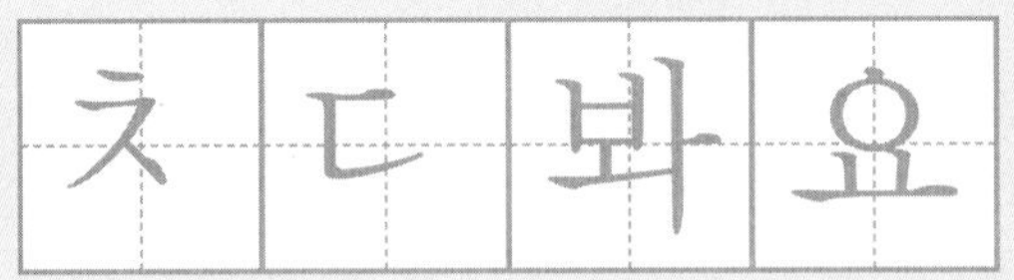

.

* 얼굴을 들어 바로 봐요.

(4) 효경이가 어질러진 방 안을 이리저리 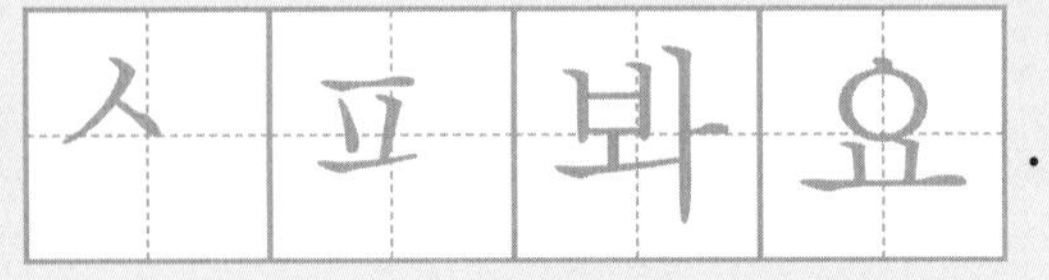

.

* 여기저기 자세히 봐요.

2 '주의'와 '주위'

 **낱말의 뜻풀이를 읽고, 알맞은 낱말에 동그라미 하세요.**

주의	: 어떤 일에 관심을 집중하여 기울임.
주위	: 어떤 사물이나 사람을 둘러싸고 있는 환경.

(1) 커다란 소리가 나서 사람들이 (주의 / 주위)를 둘러보았어요.

(2) 예림이가 노래를 불러 사람들의 (주의 / 주위)를 끌었어요.

예방	: 병이나 사고 등이 일어나지 않도록 미리 막음.
예약	: 장소나 시간 등을 이용하기 위해서 미리 약속함.

(3) 학교에서 산불 (예방 / 예약)에 대한 그림을 봤어요.

(4) 그 식당은 인기가 많아 다음 달에나 (예방 / 예약)을 할 수 있어요.

행사	: 여럿이 어떤 목적과 계획을 가지고 순서에 따라 진행하는 일.
행세	: 자격이 없는 사람이 자격이 있는 사람인 것처럼 행동하는 짓.

(5) 회장이 된 근석이는 왕 (행사 / 행세)를 했어요.

(6) 우리 학교에서 열릴 (행사 / 행세)를 친구에게 소개했어요.

3 무슨 낱말일까요?

 [가]와 [나]에서 한 글자씩 골라 빈칸에 알맞은 낱말을 완성하세요.

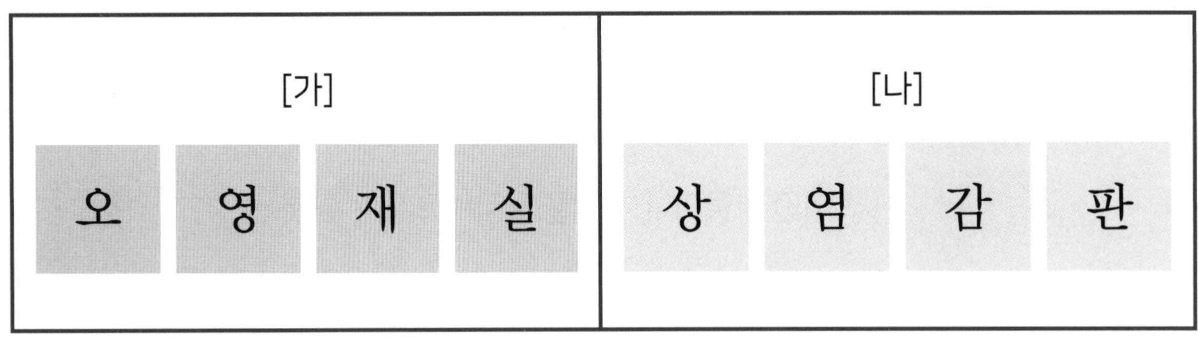

[가]	[나]
오 영 재 실	상 염 감 판

(1) 나그네와 호랑이는 토끼에게  을 부탁했어요.

* 옳고 그름을 따져서 판단함.

(2) 사자가 얼룩말을 잡아먹는  을 봤어요.

* 텔레비전 등의 화면에 나타난 모습.

(3) 언니가 해 준 이야기가 너무  나서 무서웠어요.

* 실제로 체험하는 느낌.

(4) 환경  을 막기 위해서 경문이는 휴지를 아껴 써요.

* 공기나 물, 환경 등이 더러워짐.

다음을 읽고, 동그라미 속 자음자로 시작하는 낱말을 빈칸에 쓰세요.

(5)

예 다운이는 친구들이랑 영화를 ㄱ ㄹ 했어요.

뜻 연극, 영화, 운동 경기, 미술품 등을 구경함.

(6)

예 ㅅ ㅌ 을 하니까 옷이 깨끗해졌어요.

뜻 더러운 옷을 물과 비누 등으로 빠는 일.

(7)

예 환경의 ㅂ ㅎ 로 모기가 많아졌어요.

뜻 무엇의 성질이나 모양이 달라짐.

(8)

예 소풍에 대한 ㄱ ㅅ ㅁ 이 학교 홈페이지에 올라왔어요.

뜻 여러 사람에게 알리기 위해 두루 보게 한 글.

4 같은 소리, 다른 뜻

밑줄 친 낱말의 뜻을 찾아 번호를 쓰세요.

받다	① 다른 사람이 주는 물건 등을 가지다. ② 머리나 뿔 등으로 세차게 부딪치다.

(1) 소가 나무를 받고 쓰러졌어요. ( )

(2) 생일 선물을 받으니 기분이 좋아졌어요. ( )

깨다	① 잠, 꿈 등에서 벗어나다. ② 단단한 물체를 조각이 나게 부수다.

(3) 현주는 방금 깬 얼굴로 방에서 나왔어요. ( )

(4) 아버지는 도자기를 망치로 깨 버리셨어요. ( )

차다	① 발을 힘차게 뻗어 물건을 건드리다. ② 어떤 공간에 사람, 사물 등이 더 들어갈 수 없이 가득하게 되다.

(5) 버스에 사람이 차 앉을 자리가 없었어요. ( )

(6) 석원이가 공을 힘껏 차 골을 넣었어요. ( )

5 바꾸어 쓰기

 **밑줄 친 부분을 한 낱말로 바꾸어 쓰세요.**

(1) 세균 때문에 성질이 바뀌어 냄새가 나고 모습이 망가진 나무에서 버섯이 자라요.

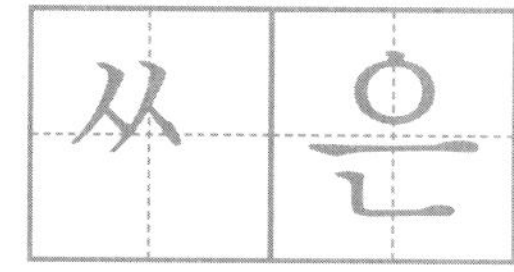

(2) 저는 시간에 여유가 없어 서둘러 매우 빠르게 나가는 바람에 준비물을 놓고 왔어요.

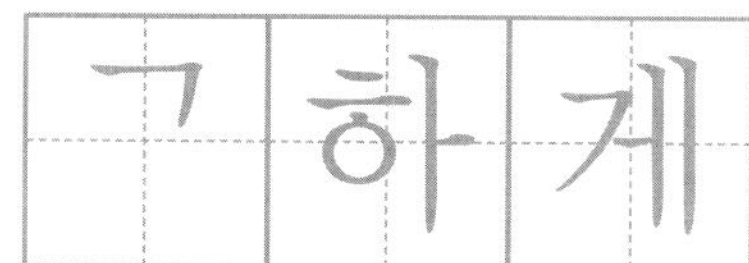

(3) 저는 지난주에 여러 사람이 하는 일에 끼어서 같이한 활동을 친구에게 소개했어요.

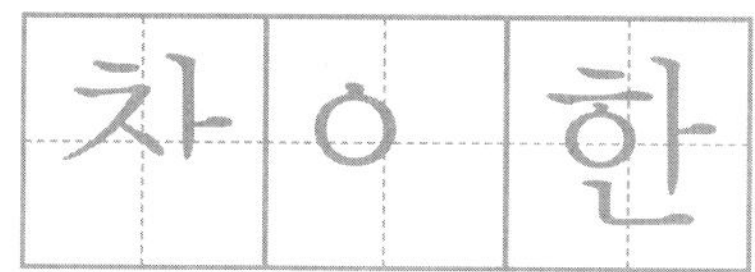

(4) 어젯밤 꾸었던 꿈이 아직도 눈앞에 보이는 것처럼 분명하고 또렷해요.

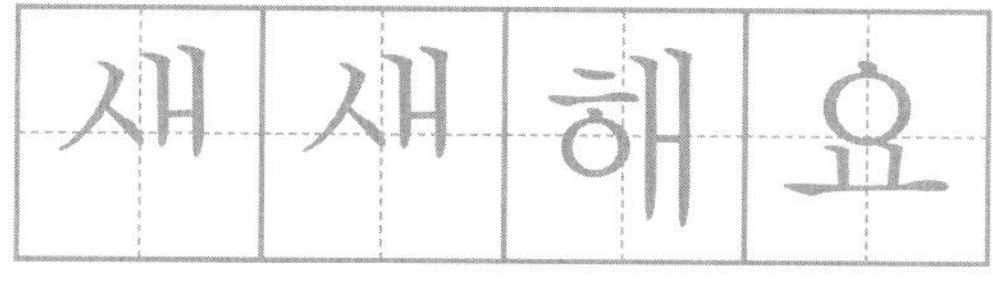

(5) 서희는 만화책에 모든 정신이나 관심을 기울여 깊이 들어가 빗소리도 못 들었어요.

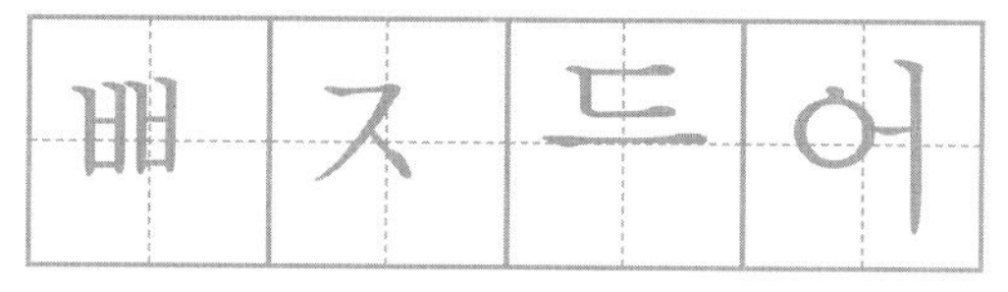

제12과 매체를 경험해요(2)

1 외래어

외국에서 들어와 쓰이는 낱말을 '외래어'라고 합니다. 빈칸에 알맞은 외래어를 넣어 문장을 완성하세요.

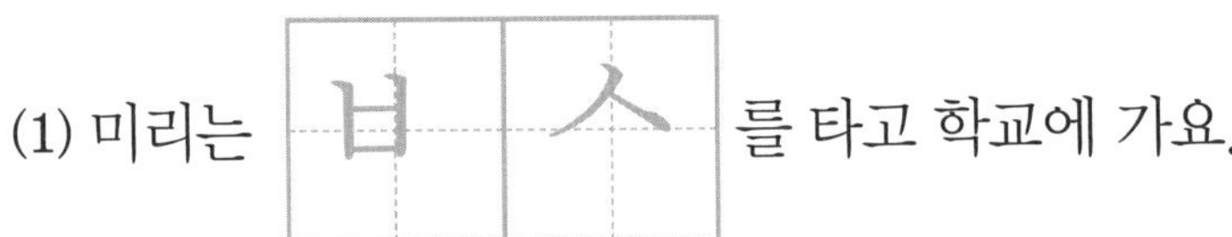

* 많은 사람이 한꺼번에 탈 수 있도록 만든 큰 자동차.

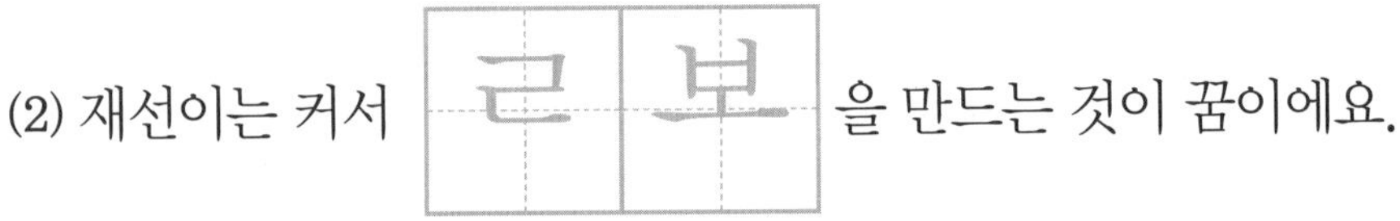

(2) 재선이는 커서
로
보
을 만드는 것이 꿈이에요.

* 사람과 비슷하게 움직이는 기계 장치.

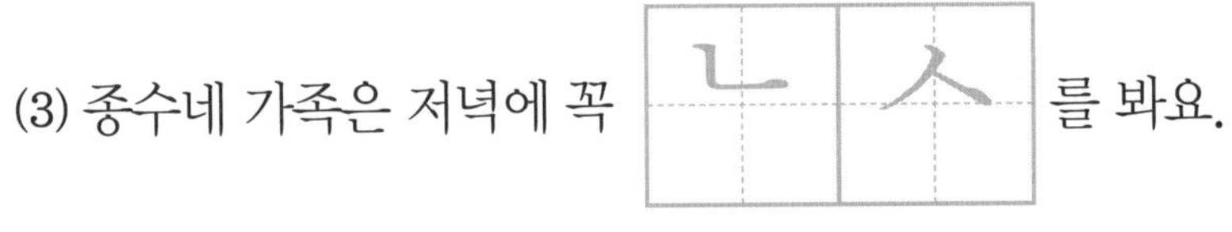

(3) 종수네 가족은 저녁에 꼭
ㄴ
ㅅ
를 봐요.

* 새로운 소식을 전해 주는 방송.

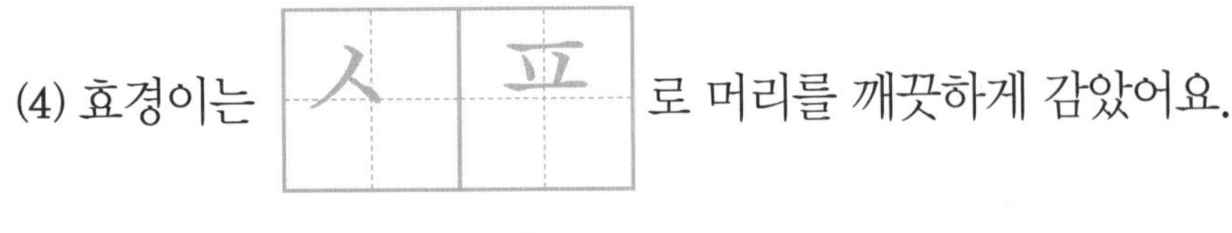

(4) 효경이는
ㅅ
ㅍ
로 머리를 깨끗하게 감았어요.

* 주로 머리를 감는 데 쓰는 비누.

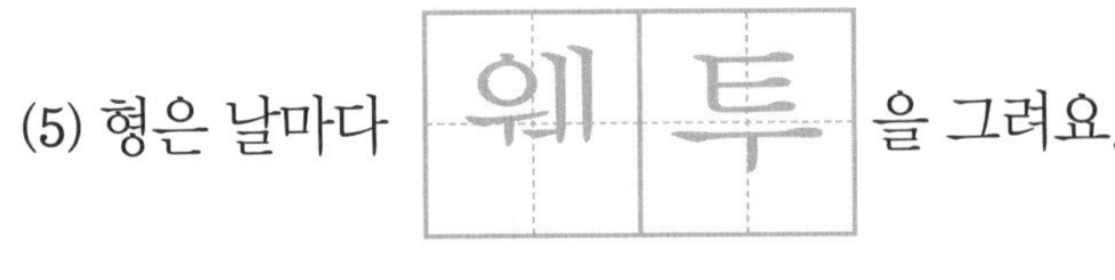

* 인터넷을 통해 볼 수 있는 그림 만화.

2 다듬은 말

외래어를 우리말로 고친 것을 '다듬은 말'이라고 합니다. 빈칸에 다듬은 말을 알맞게 찾아 쓰세요.

만화 영화	누리집	개수대	차림표

(1) 홈페이지 → [ ]

* 정보를 주고받거나 의사소통을 하기 위해 인터넷 공간에 만든 것.

(2) 싱크대 → [ ]

* 부엌에서 물을 틀어 그릇이나 음식의 재료 등을 씻을 수 있도록 만든 가구.

(3) 메뉴판 → [ ]

* 식당 등에서 파는 음식의 종류와 가격을 적은 판.

(4) 애니메이션 → [ ]

* 만화나 인형을 써서 그것이 마치 살아 있는 것처럼 찍은 영화.

다음은 자신의 경험을 매체에 표현하는 방법입니다. 빈칸에 알맞은 낱말을 쓰세요.

(1) 여러 사람이 ＿＿ 가질 만한 내용을 매체에 표현합니다.

* 어떤 대상에 끌리는 마음.

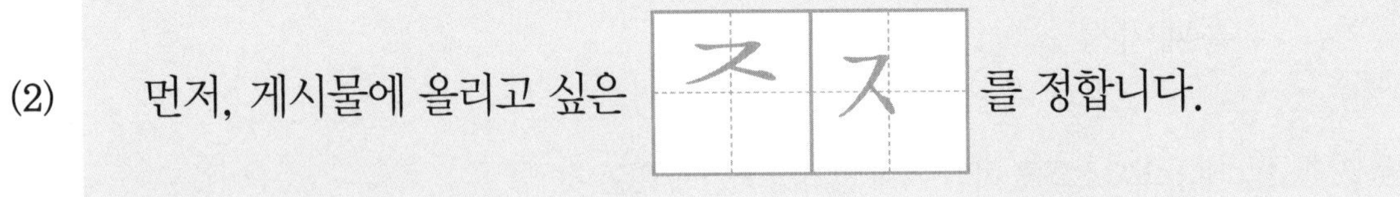

(2) 먼저, 게시물에 올리고 싶은 ＿＿ 를 정합니다.

* 중심이 되는 문제나 내용.

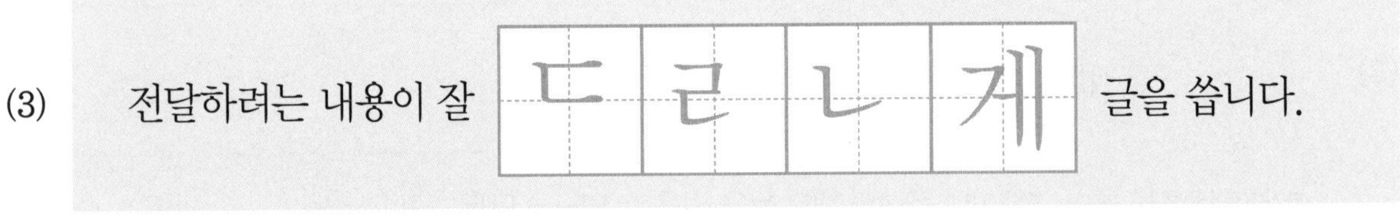

(3) 전달하려는 내용이 잘 ＿＿＿＿ 글을 씁니다.

* 겉으로 나타나게.

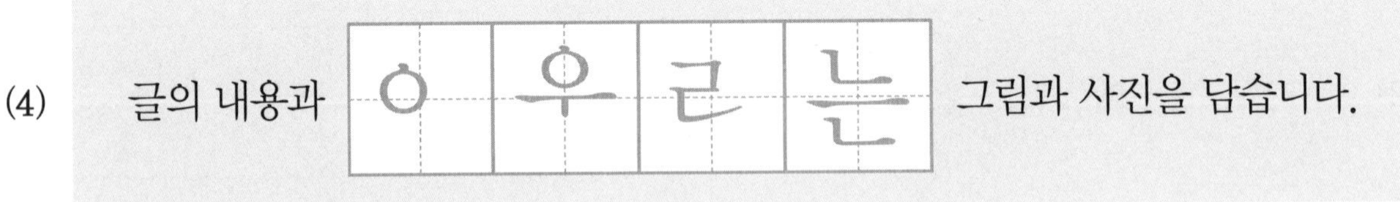

(4) 글의 내용과 ＿＿＿＿ 그림과 사진을 담습니다.

* 서로 잘 맞아 자연스럽게 보이는.

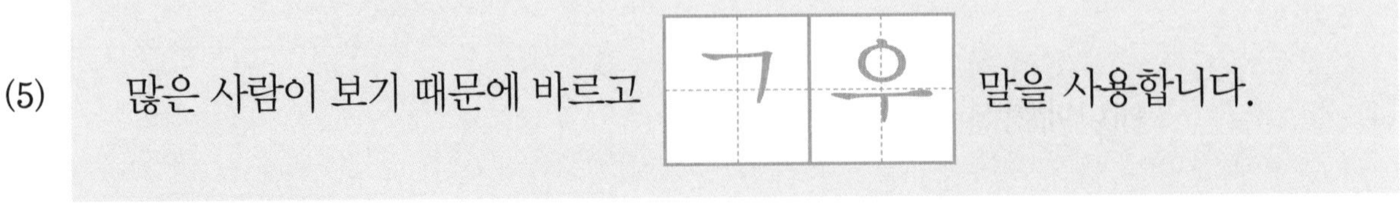

(5) 많은 사람이 보기 때문에 바르고 ＿＿ 말을 사용합니다.

* 부드럽고 순한.

4 끝말잇기

 다음 뜻을 보고 알맞은 낱말을 넣어 끝말잇기를 완성하세요.

(1) ㄴ ㅂ

시간이나 돈 등을 마구 씀.

→

(2) ㅂ 해

하늘을 날아다님.

↓

(3) 해

몸을 움직여 동작을 하거나 어떤 일을 함.

←

동 전

구리 등의 금속을 섞어 동그랗게 만든 돈.

↓

(4) ㅅ

여러 가지 물건을 한곳에 늘어놓고 사람들에게 보임.

→

(5) ㅅ

하루를 스물넷으로 나눈 한 부분을 세는 단위.

↓

간 식

밥과 밥 사이에 간단히 먹는 음식.

←

(6) ㅌ

음식을 차려 놓고 둘러앉아 먹는 데 쓰는 가구.

5 낱말 뜻풀이

빈칸에 알맞은 말을 넣어서 밑줄 친 낱말의 뜻을 풀이하세요.

(1) 이 토양에는 어떤 식물을 심어도 잘 자라요.

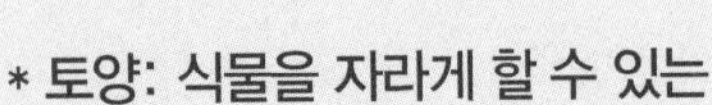

* 토양: 식물을 자라게 할 수 있는 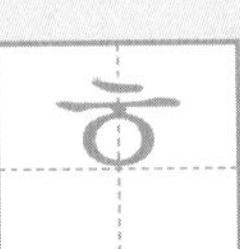 .

(2) 아버지께서는 아침마다 출근길 교통 현황을 알아보셔요.

* 현황: 현재의 일이 되어 가는 과정이나 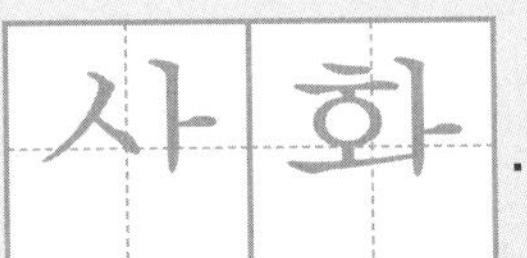 .

(3) 우리는 학교에서 교육을 받아요.

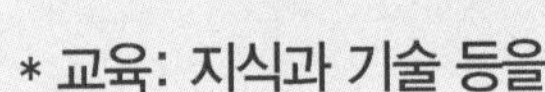

* 교육: 지식과 기술 등을 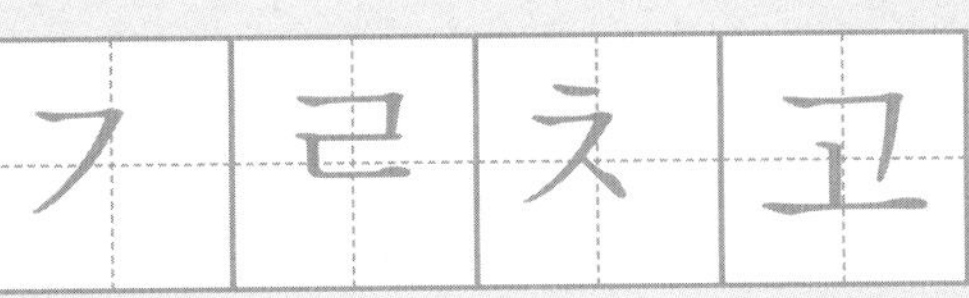 인성을 길러 줌.

(4) 이상한 꿈을 꿔서 아침부터 기분이 뒤숭숭해요.

* 뒤숭숭해요: 느낌이나 마음이 어지럽고 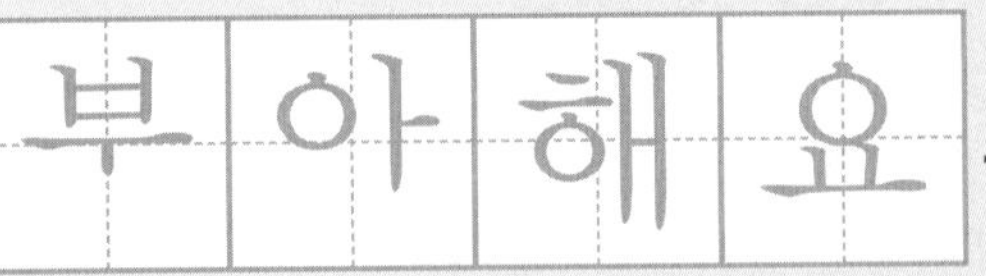 .

(5) 어머니는 일찍 일을 마감하고 쉬셨어요.

* 마감하고: 하던 일을 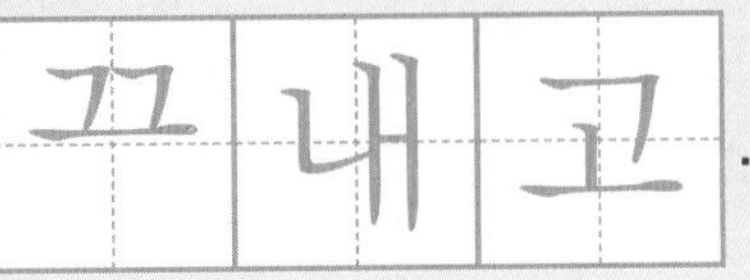 .

6 원고지 쓰기

 **다음 문장을 괄호 안의 횟수만큼 띄워서 원고지에 옮겨 쓰세요.**

(1) 동생은고개를숙인채말했어요.(4)

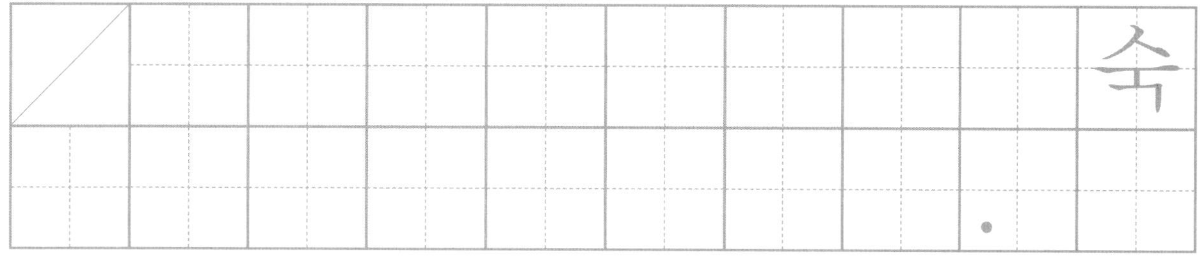

(2) 저는제두볼을꼬집어봤어요.(5)

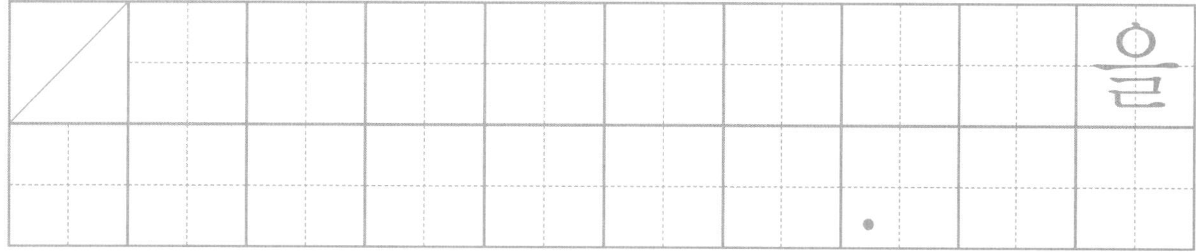

(3) 사람들이관심을가질만한내용으로글을써봐.(7)

관
내

제 13 과 내 생각은 이래요(1)

1 그림 보고 낱말 맞히기

 **그림과 설명을 보고 알맞은 낱말을 빈칸에 쓰세요.**

(1) 

집에 붙어 있는 빈 땅. 보통 꽃이나 나무를 심어 가꾼다.

(2) 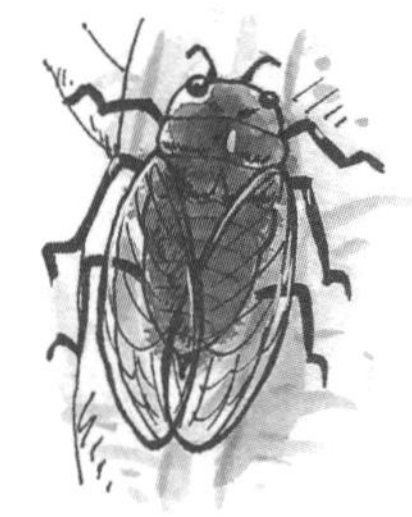

6~12년 동안 애벌레로 지내다 어른벌레가 되면 나무에 붙어 사는 곤충.

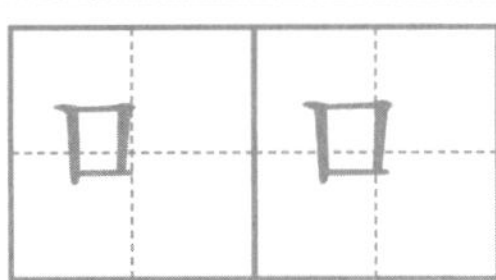

(3) 

다양한 책을 모아 두고 사람들이 볼 수 있게 만든 곳.

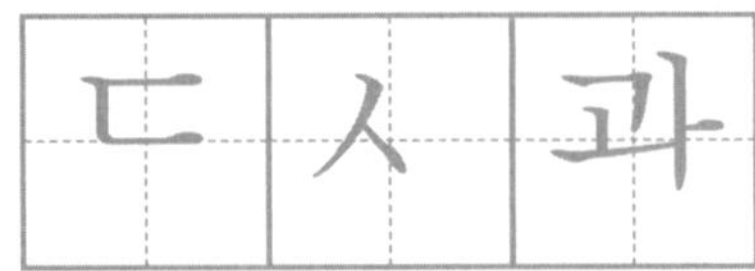

(4) 

땅속에 깔아 놓은 철도로 다니는 열차.

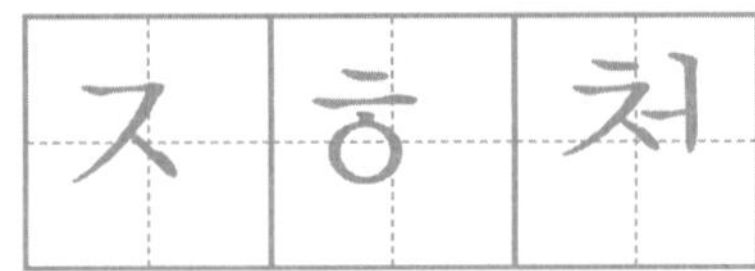

2 글쓴이의 생각을 찾아요

다음은 글을 읽을 때 글쓴이의 생각을 찾는 방법입니다. 빈칸에 알맞은 낱말을 쓰세요.

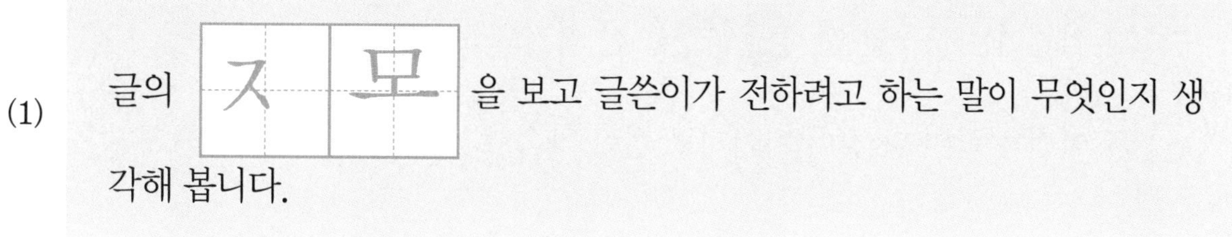

(1) 글의 [ㅈ][모] 을 보고 글쓴이가 전하려고 하는 말이 무엇인지 생각해 봅니다.

* 책, 노래, 그림 등에서, 내용을 알 수 있도록 붙이는 이름.

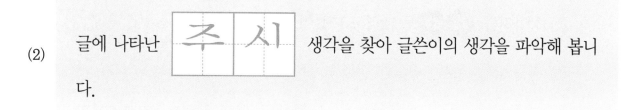

(2) 글에 나타난 [주][시] 생각을 찾아 글쓴이의 생각을 파악해 봅니다.

* 가장 중요하고 기본이 되는 부분.

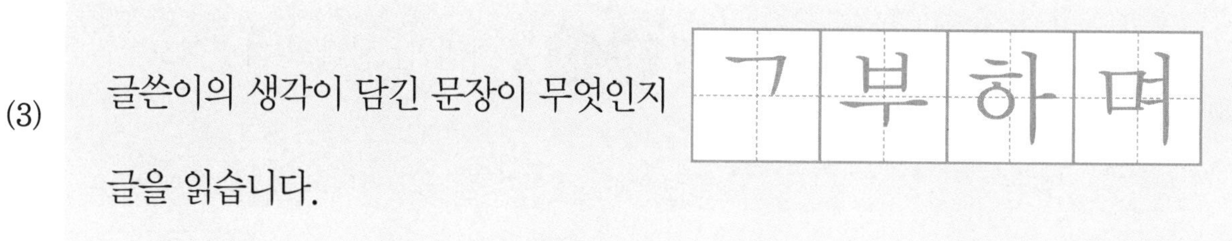

(3) 글쓴이의 생각이 담긴 문장이 무엇인지 [ㄱ][부][하][며] 글을 읽습니다.

* 일정한 기준에 따라 전체를 몇 개로 갈라 나누며.

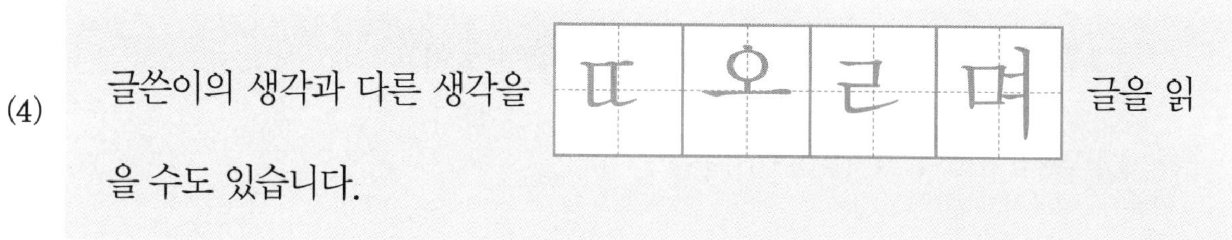

(4) 글쓴이의 생각과 다른 생각을 [ㄸ][오][ㄹ][며] 글을 읽을 수도 있습니다.

* 기억을 되살려 내거나 생각나지 않던 것을 생각나게 하며.

3 무슨 낱말일까요?

다음을 읽고, 동그라미 속 자음자로 시작하는 낱말을 빈칸에 쓰세요.

(1)
예 석원이는 축구할 때 ㄱㅊ을 잘 지켜요.
뜻 여러 사람이 다 같이 지키기로 정한 약속.

(2)
예 강아지를 ㅇㅇ로 데리고 나갔어요.
뜻 건물 밖을 이르는 말. 반 실내

(3)
예 선생님께서 이곳은 우리들이 ㅊㅇ을 하면 안 된다고 하셨어요.
뜻 어떤 곳을 들어가고 나옴.

(4)
예 간호사는 아픈 사람을 보호할 ㅊㅇ이 있어요.
뜻 맡아서 해야 할 일이나 의무.

(5)

예 운동을 꾸준히 하면 ㅊ ㄹ이 좋아져요.

뜻 몸을 움직여 어떤 일을 할 수 있는 힘.

(6)

예 희진이는 ㄱ ㄱ을 위해 반찬을 골고루 먹어요.

뜻 몸이나 정신이 튼튼한 상태.

(7)

예 우리 집 앞은 ㅅ ㅇ이 심해요.

뜻 시끄러운 소리.

(8)

예 태민이는 ㅈ ㅇ을 지키기 위해 자전거를 타고 다녀요.

뜻 저절로 생겨난 산, 강, 식물, 동물 등의 존재.

(9)

예 숲속을 걸으니 ㅅ ㅁ의 기운이 느껴져요.

뜻 생물이 살아 있게 하는 힘.

4 비슷한말, 반대말

밑줄 친 낱말의 비슷한말이나 반대말을 빈칸에 쓰세요.

(1)
- 예빈이는 밖에 비가 온다고 부모님께 알렸어요.
- 거북이는 토끼에게 좋은 소식을 비 [ㅈ][했][어][요].

(2)
- 수지의 병이 나으니 어머니의 걱정도 없어졌어요.
- 물을 마시니까 목마름이 비 [ㅅ][ㄹ][졌][어][요].

(3)
- 학교 근처에는 편의점이 많아요.
- 학교 비 [ㅈ][변]에는 문구점도 많이 있어요.

(4)
- 민국이는 강아지에게 목줄을 채웠어요.
- 형은 손목에 찬 시계를 반 [ㅍ][었][어][요].

(5)
- 동생이 방을 마구 어질렀어요.
- 지은이는 쌓여 있는 책을 깨끗하게 반 [ㅊ][워][어][요].

5 무슨 뜻일까요?

밑줄 친 낱말의 뜻을 찾아 번호를 쓰세요.

(1) 이 휴대 전화기는 <u>최첨단</u> 제품이에요. (　　)

① 값이 비싼 것.

② 보기에 좋고 훌륭한 것.

③ 유행이나 시대, 기술이 가장 새롭고 앞선 것.

(2) 포기하기에는 아직 <u>일러요</u>. (　　)

① 정해진 때보다 늦어요.

② 기준을 잡은 때보다 앞서거나 빨라요.

③ 하고 싶은 일이 너무 많아요.

(3) 이야기를 나눌 때에는 상대방을 <u>존중해요</u>. (　　)

① 높여 귀하고 중요하게 대해요.

② 중요하지 않게 낮추어 대해요.

③ 똑바로 쳐다봐요.

(4) 호랑이에게 쫓기는 아이들의 마음을 <u>짐작해</u> 보아요. (　　)

① 가볍게 생각하거나 인정하지 않아.

② 상대방이 잘 알 수 있도록 말해.

③ 어떤 상황을 보고 미루어 생각해.

6 바르게 쓰기

 **바르게 쓴 말에 동그라미 하세요.**

(1) 창문 틈으로 음악 소리가 [새어 / 세어] 나왔어요.

(2) [이제는 / 이재는] 집에 갈 시간이에요.

(3) 명현이는 [몸무개 / 몸무게] 를 잿어요.

(4) 여러 악기를 함께 연주하는, 규모가 큰 음악을 [교양곡 / 교향곡] 이라고 해요.

(5) 닭이 알을 [낳았어요 / 나았어요].

(6) 수진이는 걸어가기 [귀찮아서 / 귀찬아서] 버스를 탔어요.

7 바꾸어 쓰기

 **밑줄 친 부분을 한 낱말로 바꾸어 쓰세요.**

(1) 바로 조금 전에 한 말이 진짜야?

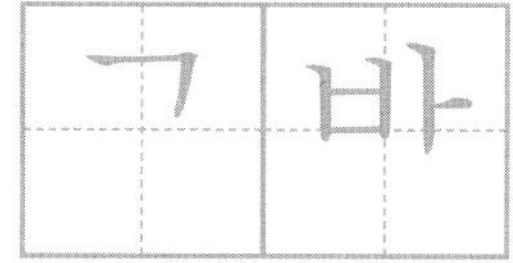

(2) 인어공주는 사랑에 정신이 끌려 벗어나지 못해 마법 물약을 마셨어요.

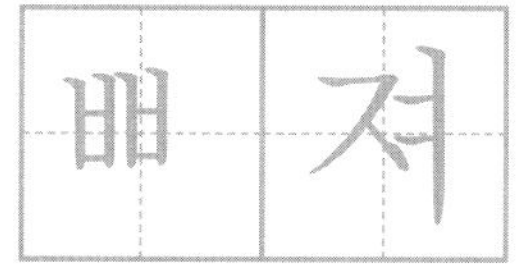

(3) 체중을 적당히 맞추어 나가는 것은 중요해요.

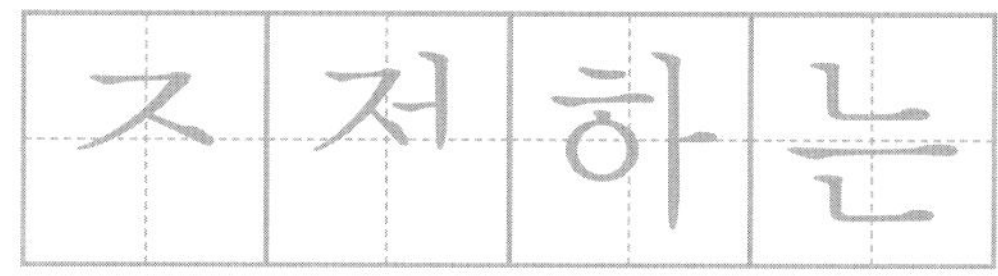

(4) 민석이는 계획을 실제로 해 나갔어요.

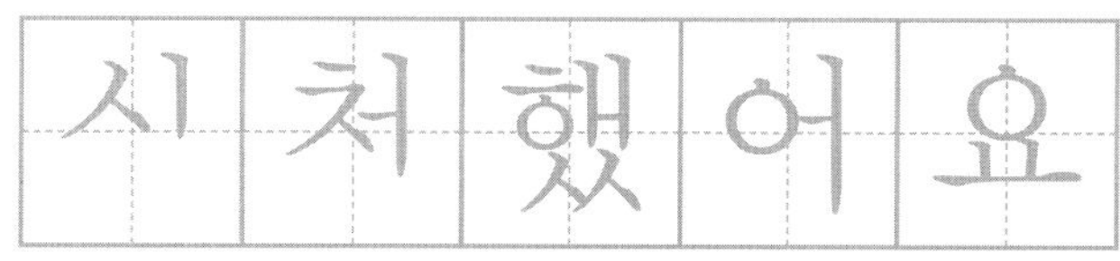

(5) 삼촌은 건물, 다리 등을 목적에 맞게 계획해 쌓아 만드는 일 회사에 다니세요.

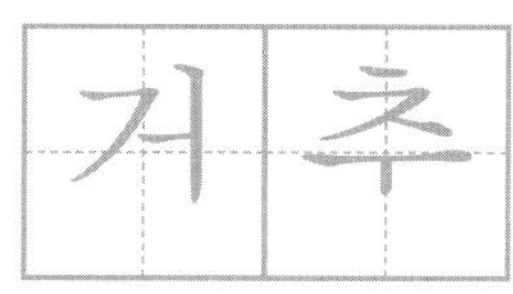

제 14 과 내 생각은 이래요(2)

1 채소

다음 그림에 알맞은 채소 이름을 찾아 쓰세요.

고구마　　상추　　토마토　　오이

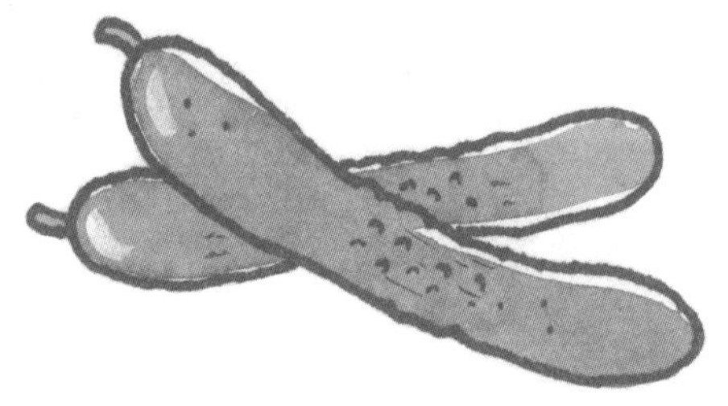

(1)

(2)

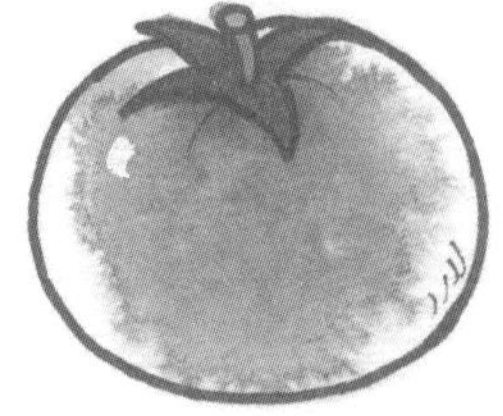

(3)

(4)

2 누구일까요?

설명을 읽고, 빈칸에 알맞은 이름을 쓰세요.

(1) ______ 선생님께서 큰 목소리로 말씀하셨어요.

* 학교를 대표하는 책임자.

ㄱ 자

(2) 영윤이가 이 강아지의 ______ 이에요.

* 대상이나 물건 등을 가지고 있는 사람.

ㅈ 이

(3) ______ 도 노력하는 사람은 이길 수 없어요.

* 태어날 때부터 뛰어난 능력이나 재주를 가진 사람.

ㅊ 재

(4) 어머니는 환자 ______ 로 일하고 계세요.

* 누군가에게 관심을 가지고 보살피는 사람.

도 ㅂ ㅁ

(5) 저는 베토벤처럼 훌륭한 ______ 가 되고 싶어요.

* 작곡가, 연주가, 지휘자처럼 음악을 전문으로 하는 사람.

으 아 가

3 생각을 나타내요

다음은 자신의 생각을 글로 나타내는 방법입니다. 빈칸에 알맞은 낱말을 쓰세요.

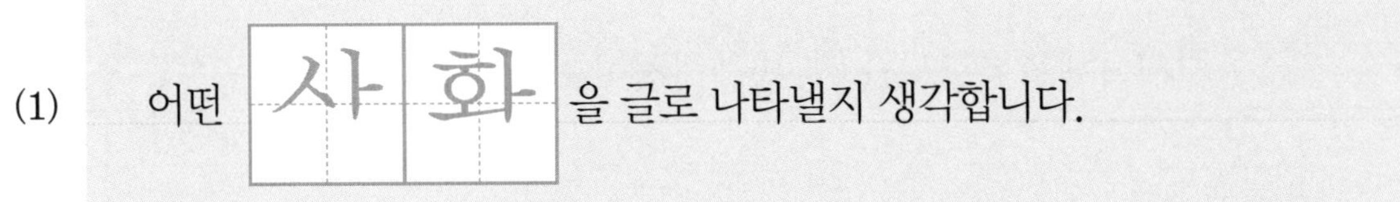

(1) 어떤 사화 을 글로 나타낼지 생각합니다.

＊일이 되어 가는 과정이나 상태.

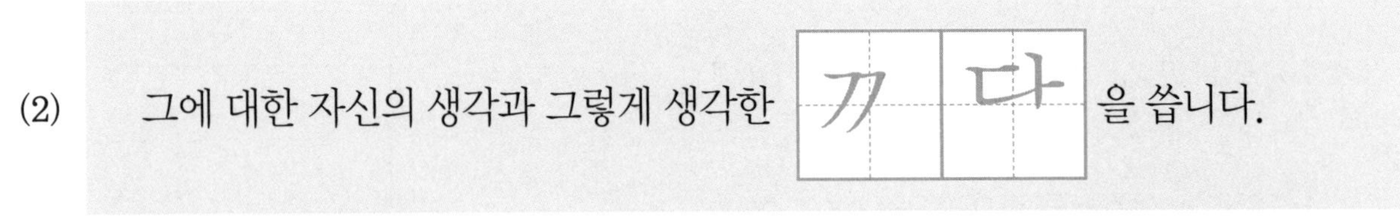

(2) 그에 대한 자신의 생각과 그렇게 생각한 끼다 을 씁니다.

＊일이 일어나게 된 원인.

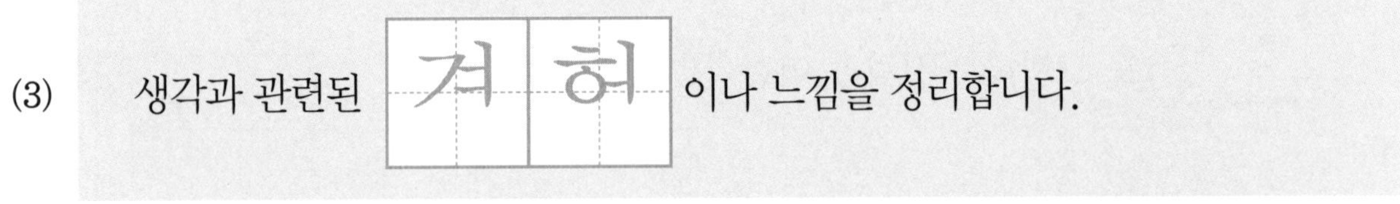

(3) 생각과 관련된 겨허 이나 느낌을 정리합니다.

＊자신이 실제로 해 보거나 겪어 봄.

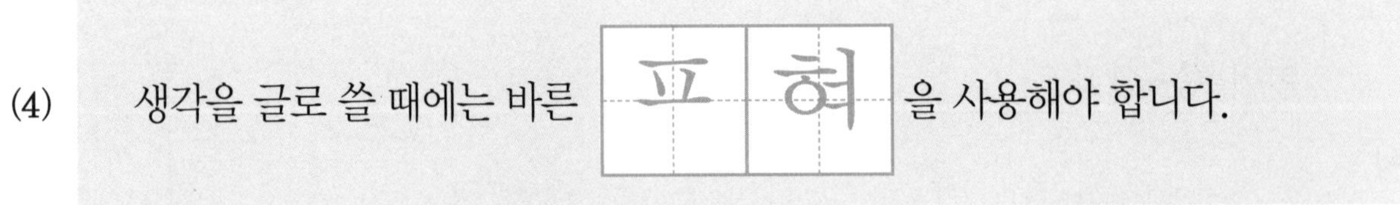

(4) 생각을 글로 쓸 때에는 바른 프혀 을 사용해야 합니다.

＊생각이나 느낌 등을 글이나 몸짓 등으로 나타냄.

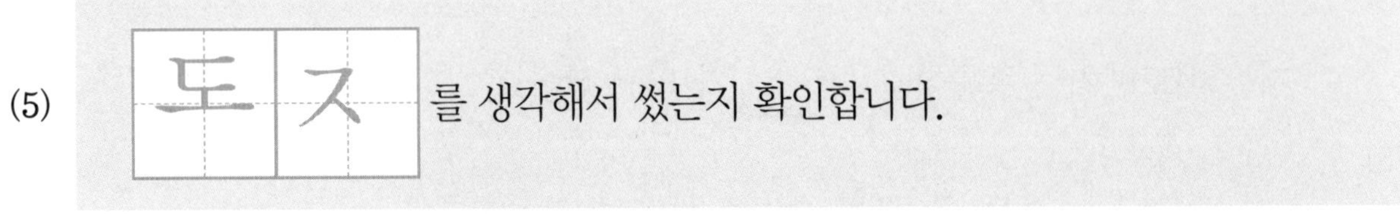

(5) 도ㅈ 를 생각해서 썼는지 확인합니다.

＊책, 신문 등의 글을 읽는 사람.

4 같은 소리, 다른 뜻

밑줄 친 낱말의 뜻을 찾아 번호를 쓰세요.

들다	① 아래에 있는 것을 위로 올리다. ② 빛, 볕, 물 등이 안으로 들어오다.

(1) 햇볕이 들지 않는 곳에 젖은 옷을 널어요. (　　)

(2) 곰이 바위를 번쩍 들어 올렸어요. (　　)

가리다	① 보이거나 통하지 않게 막다. ② 여럿 가운데서 하나를 구별하여 고르다.

(3) 안개에 가려서 앞이 잘 안 보여요. (　　)

(4) 이긴 사람을 가리기 위해 모든 심판이 모였어요. (　　)

지다	① 자신의 일로 맡다. ② 시들어 떨어지다. ③ 내기나 시합, 싸움 등에서 상대에게 승리를 내주다.

(5) 가위바위보에서 져서 민영이가 술래가 됐어요. (　　)

(6) 자신이 한 말에 책임을 져야 해요. (　　)

(7) 예쁜 꽃이 져서 슬퍼요. (　　)

5 외래어

외국에서 들어와 쓰이는 낱말을 '외래어'라고 합니다. 빈칸에 알맞은 외래어를 넣어 문장을 완성하세요.

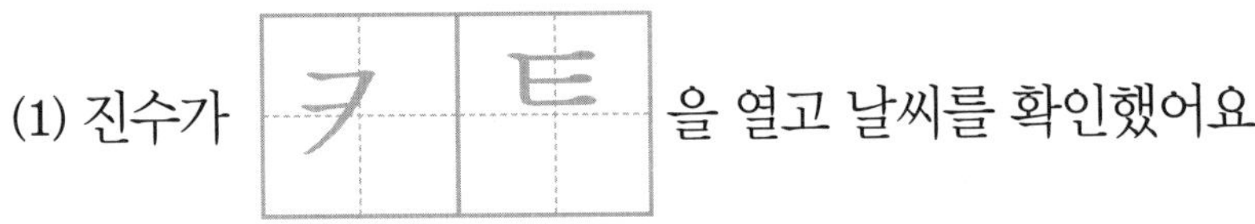

(1) 진수가 [ㅋ][ㅌ] 을 열고 날씨를 확인했어요.

* 창문에 달아 빛을 가리는 천.

(2) 민주가 [ㅇ][ㅇ][포] 으로 노래를 들어요.

* 귀에 끼워 음악이나 방송을 듣는 장치.

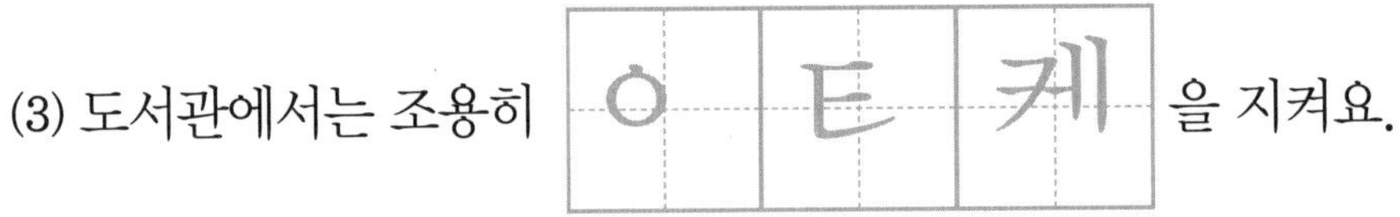

(3) 도서관에서는 조용히 [ㅇ][ㅌ][케] 을 지켜요.

* 여러 사람과 지낼 때의 예절이나 질서.

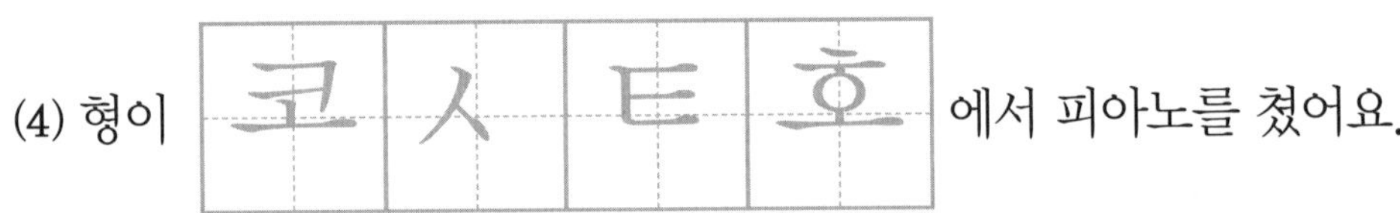

(4) 형이 [코][ㅅ][ㅌ][호] 에서 피아노를 쳤어요.

* 음악을 연주해 관객이 듣고 즐길 수 있도록 지은 건물.

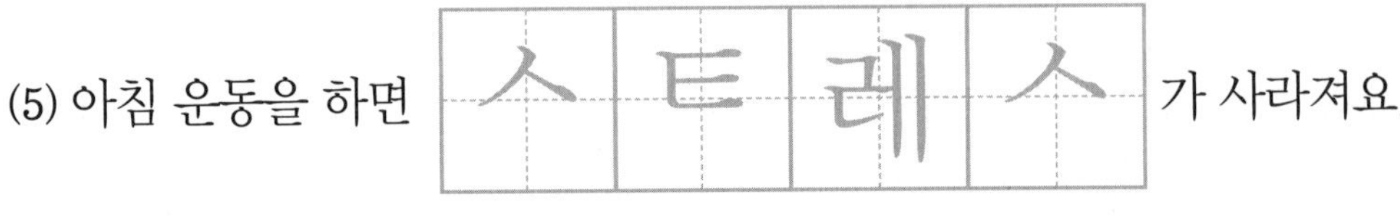

(5) 아침 운동을 하면 [스][ㅌ][레][스] 가 사라져요.

* 적응하기 어려운 환경에서 마음이나 몸으로 긴장을 느끼는 상태.

6 꾸며 주는 말

뜻풀이에 알맞은 낱말을 찾아 넣어 문장을 완성하세요.

당당히　　아득히　　가득히　　꾸준히

(1) 현민이는 아침마다 [ ] 달리기를 했어요.

* 한결같이 부지런하고 끈기가 있는 태도로.

(2) [ ] 먼 옛날에 공룡이 살았다고 해요.

* 매우 오래된 상태로.

(3) 서영이는 백 점을 받았다고 [ ] 말했어요.

* 남 앞에서 내세울 만큼 떳떳한 모습이나 태도로.

(4) 할머니께서 오이를 한 바구니 [ ] 따 오셨어요.

* 사물이 어떤 공간에 꽉 들어차 있어 많게.

7 낱말 뜻풀이

 **빈칸에 알맞은 말을 넣어서 밑줄 친 낱말의 뜻을 풀이하세요.**

(1) 동생이 엄마를 슬쩍 보며 아픈 척 연기했어요.

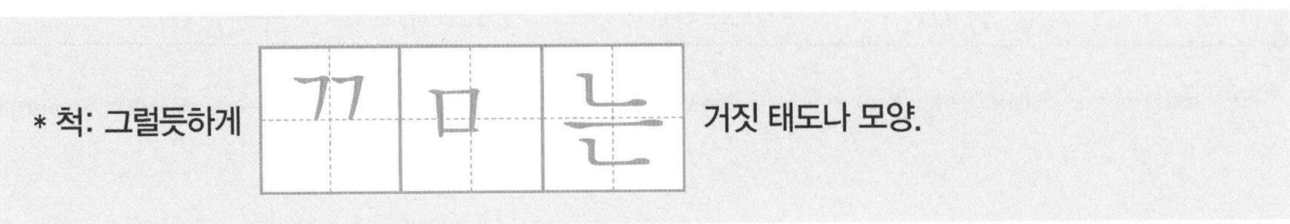

* 척: 그럴듯하게
ㄲ ㅁ 는
거짓 태도나 모양.

(2) 이 건물은 좋은 자재로 지어서 매우 튼튼해요.

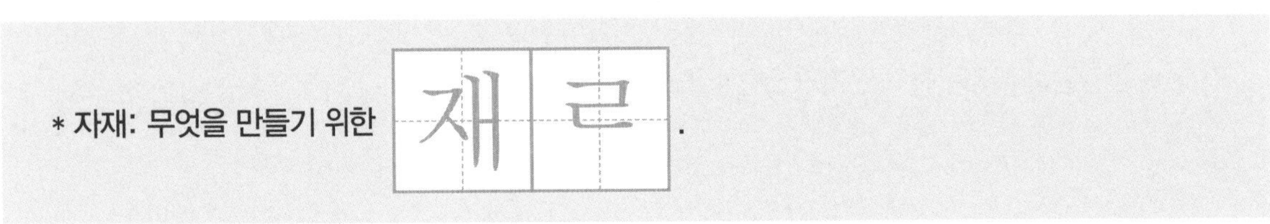

(3) 선생님께서 공지할 내용이 있다며 자리에 앉으라고 말씀하셨어요.

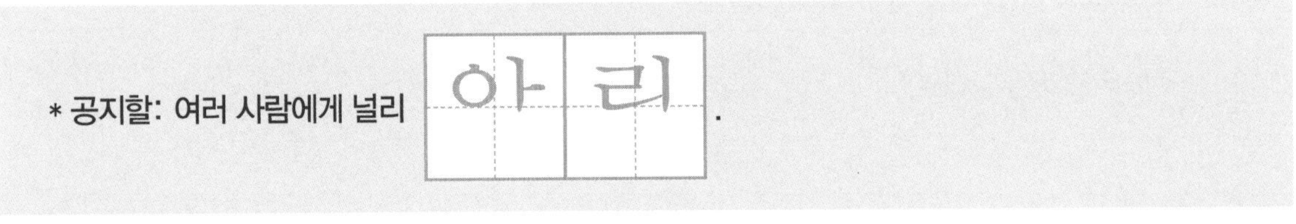

(4) 운동하고 나서 목욕을 하니까 무척 상쾌해요.

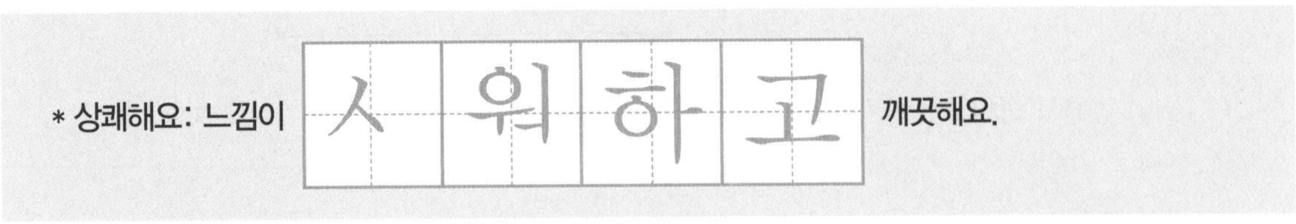

(5) 동굴이 웅장해서 참 멋있어요.

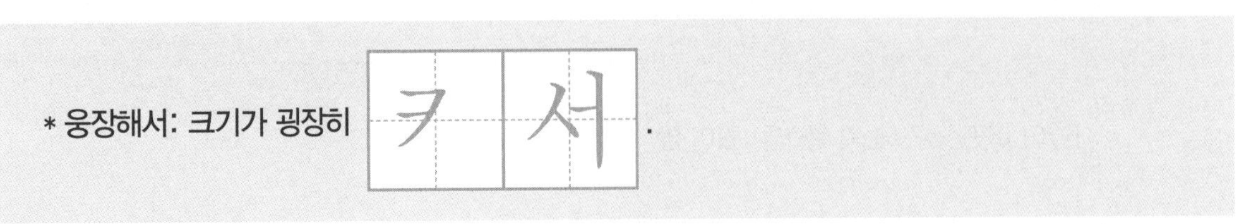

8 원고지 쓰기

다음 문장을 괄호 안의 횟수만큼 띄워서 원고지에 옮겨 쓰세요.

(1) 달릴때마다건강해지는걸느껴요.(4)

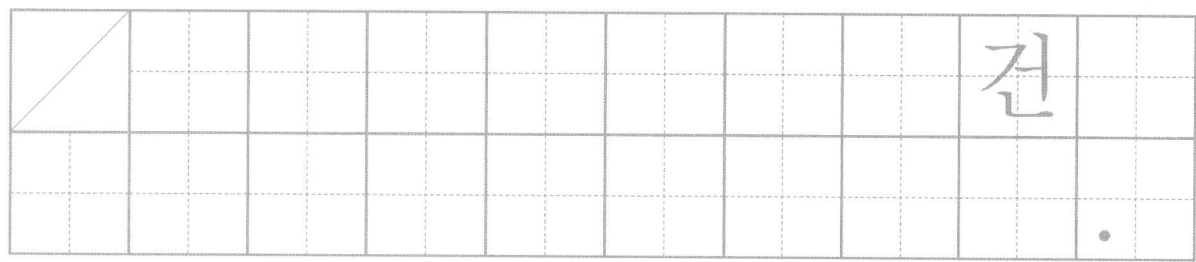

(2) 한밤에목이말라서깬적이있어요.(5)

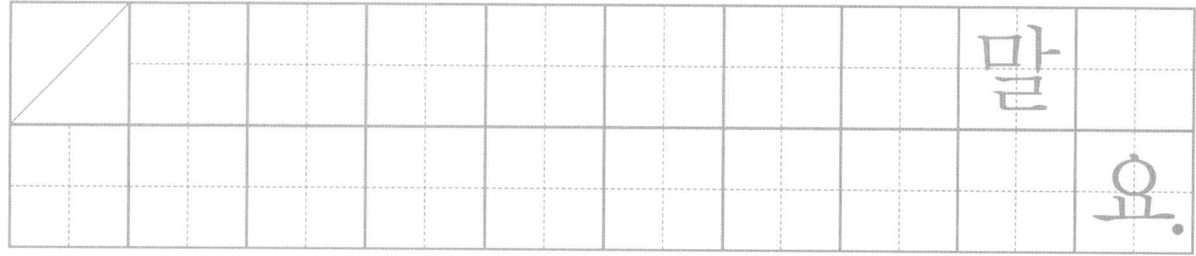

(3) 날보고도모른척그냥가버리다니정말너무해.(8)

모

버

.

제 15 과 나도 작가(1)

1 어디일까요?

다음 글이 설명하는 장소를 알맞게 쓰세요.

(1) 체육이나 놀이 등을 할 수 있도록 만든 넓은 마당.

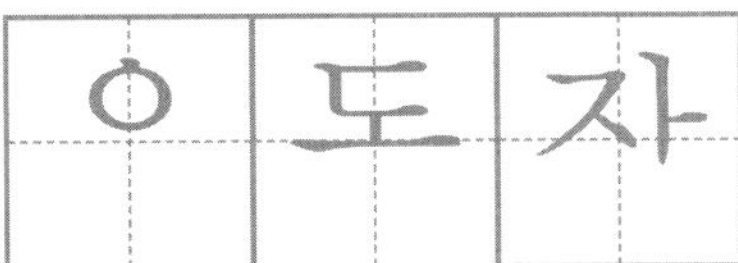

(2) 공부하는 데 필요한 물건들을 파는 가게.

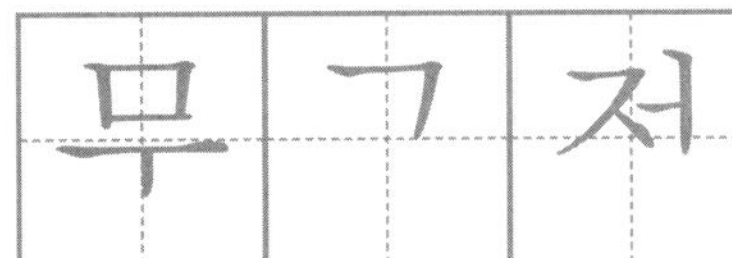

(3) 사람이 겨우 들어가 살 만큼 작고 초라한 집.

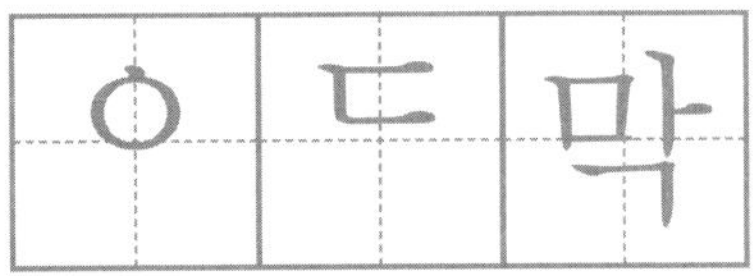

(4) 하늘에 있다는 완전한 세계.

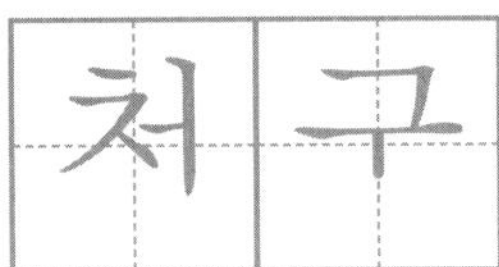

(5) 땅이 들어가 깊고 넓게 물이 고여 있는 곳.

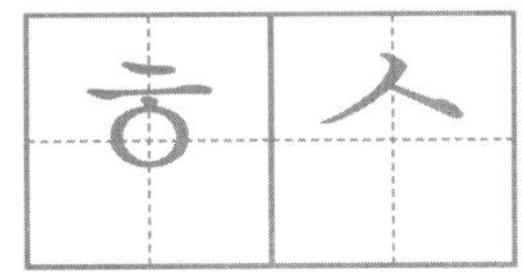

2 겪은 일 표현하기

다음은 겪은 일을 표현하는 방법입니다. 빈칸에 알맞은 낱말을 쓰세요.

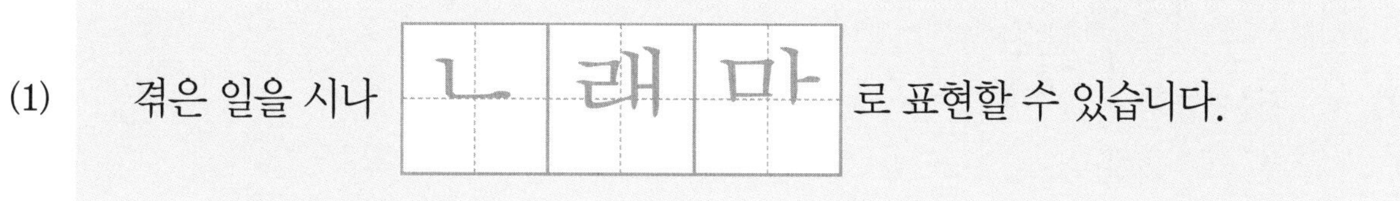

(1) 겪은 일을 시나 [노래마] 로 표현할 수 있습니다.

* 노래로 불리기 위해 쓰인 글.

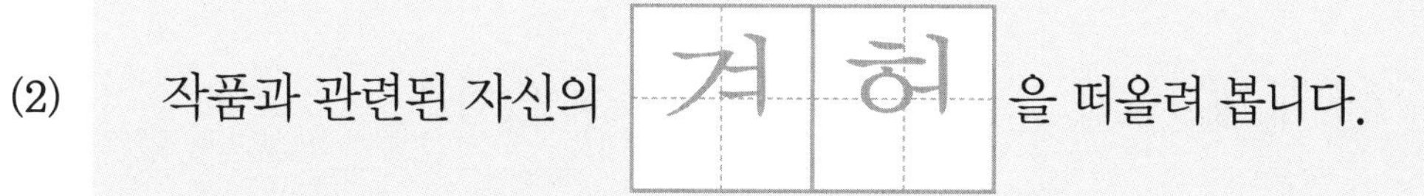

(2) 작품과 관련된 자신의 [겨혀] 을 떠올려 봅니다.

* 자신이 실제로 해 보거나 겪어 봄.

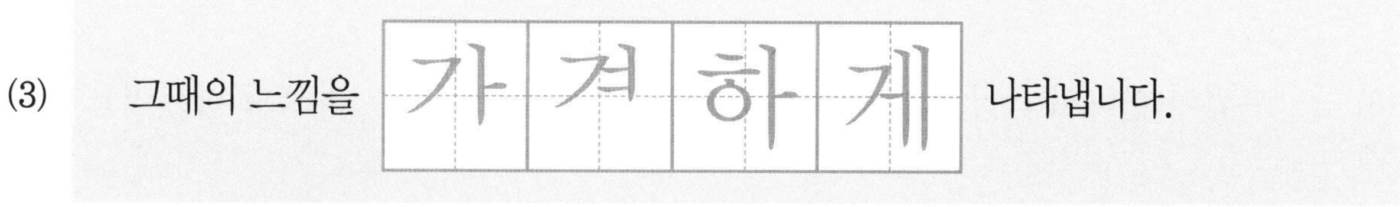

(3) 그때의 느낌을 [가겨하게] 나타냅니다.

* 간단하고 깔끔하게.

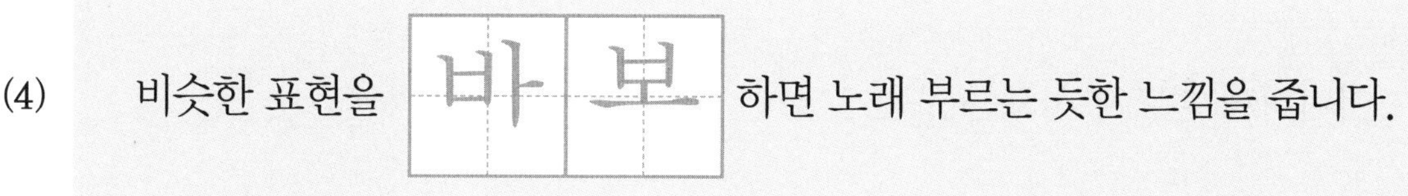

(4) 비슷한 표현을 [바보] 하면 노래 부르는 듯한 느낌을 줍니다.

* 같은 일을 되풀이함.

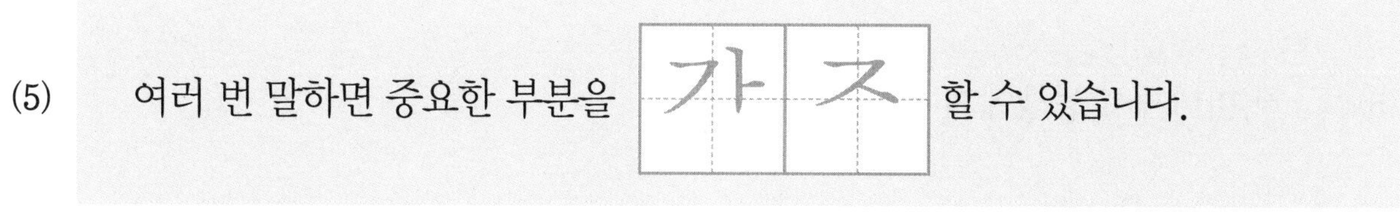

(5) 여러 번 말하면 중요한 부분을 [가즈] 할 수 있습니다.

* 어떤 부분을 특별히 내세우거나 주장함.

3 무슨 낱말일까요?

빈칸에 알맞은 낱말을 넣어 문장을 완성하세요.

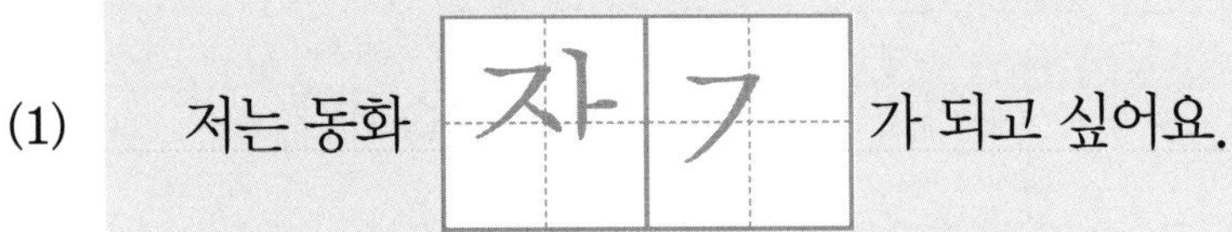

(1) 저는 동화 [자][ㄱ] 가 되고 싶어요.

* 문학 작품, 그림, 조각 등을 만드는 사람.

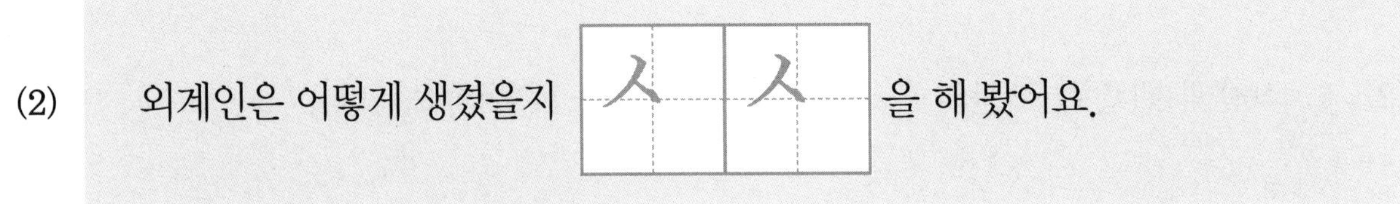

(2) 외계인은 어떻게 생겼을지 [ㅅ][ㅅ] 을 해 봤어요.

* 실제로 겪지 않은 일을 마음속으로 그려 봄.

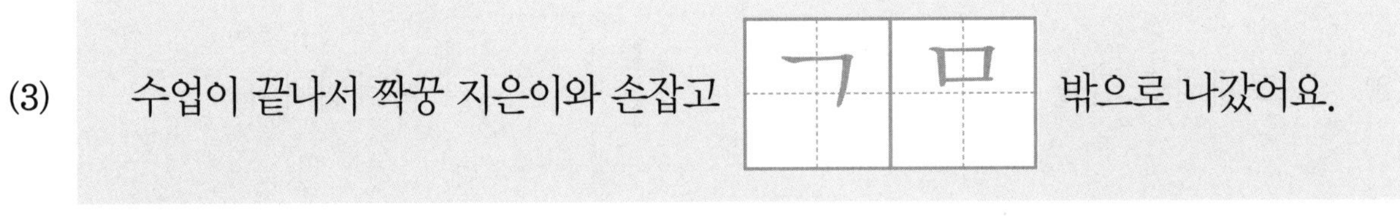

(3) 수업이 끝나서 짝꿍 지은이와 손잡고 [ㄱ][ㅁ] 밖으로 나갔어요.

* 학교의 문.

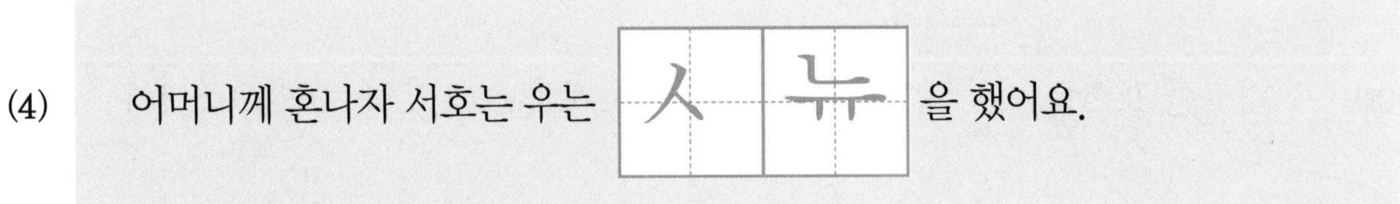

(4) 어머니께 혼나자 서호는 우는 [ㅅ][뉴] 을 했어요.

* 어떤 모양이나 움직임을 흉내 내어 꾸미는 행동.

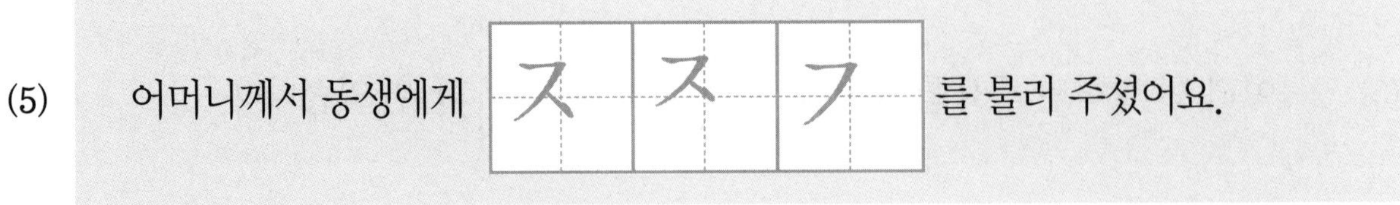

(5) 어머니께서 동생에게 [ㅈ][ㅈ][ㄱ] 를 불러 주셨어요.

* 어린아이를 재우기 위해 부르는 노래.

(6)

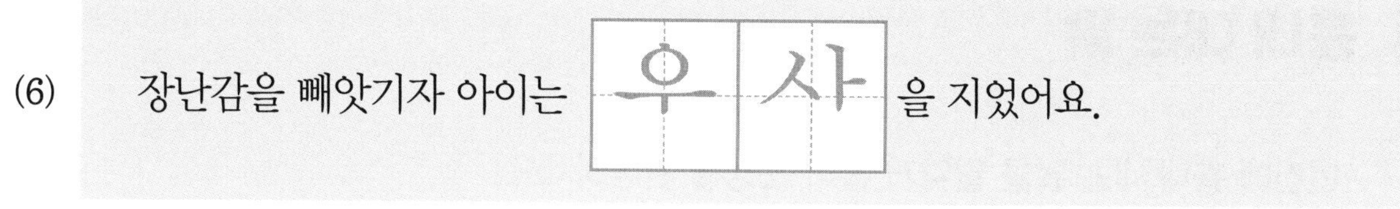

장난감을 빼앗기자 아이는 우 사 을 지었어요.

* 울려고 하는 얼굴 표정.

(7)

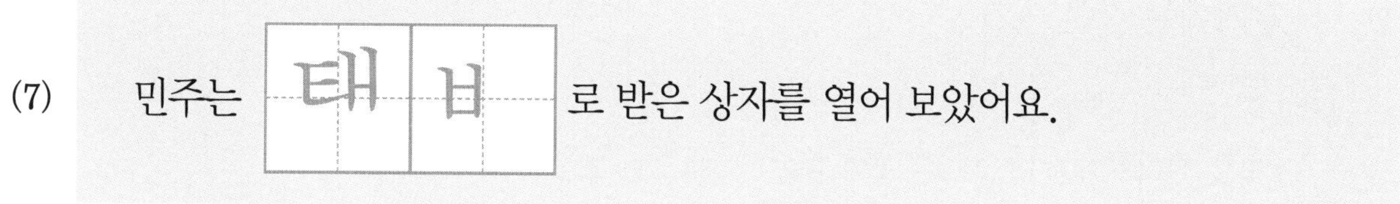

민주는 태 ㅂ 로 받은 상자를 열어 보았어요.

* 우편물이나 짐, 상품 등을 원하는 장소까지 직접 배달해 주는 일.

(8)

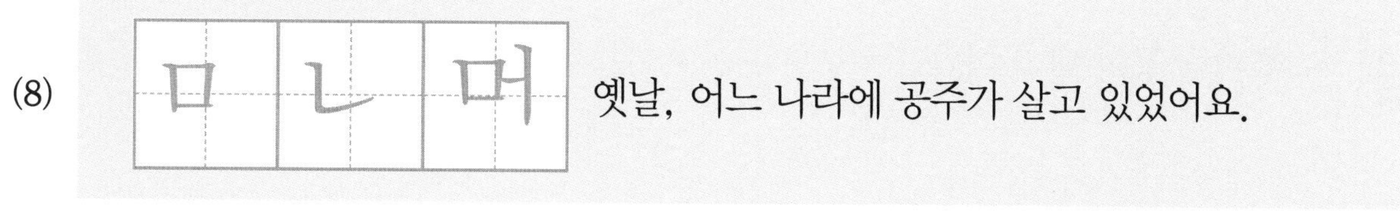

ㅁ ㄴ 머 옛날, 어느 나라에 공주가 살고 있었어요.

* 몹시 먼.

(9)

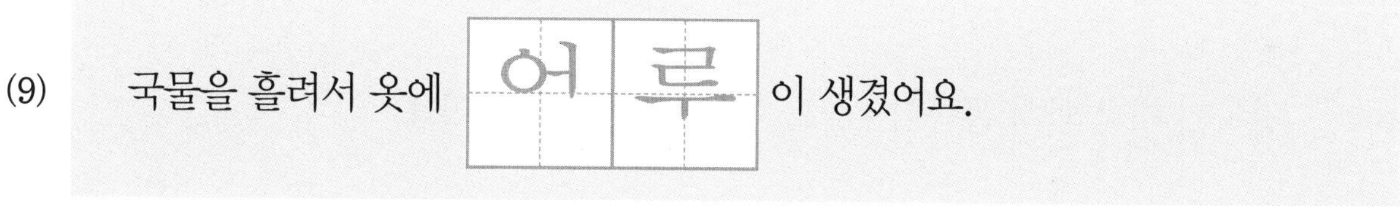

국물을 흘려서 옷에 어 루 이 생겼어요.

* 무엇이 묻거나 스며들어서 더러워진 자국.

(10)

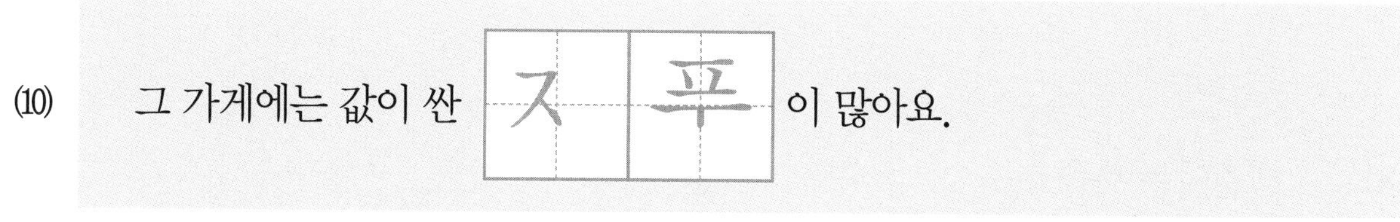

그 가게에는 값이 싼 ㅈ 푸 이 많아요.

* 팔기 위하여 기술과 재료를 써서 만들어 낸 물건.

(11)

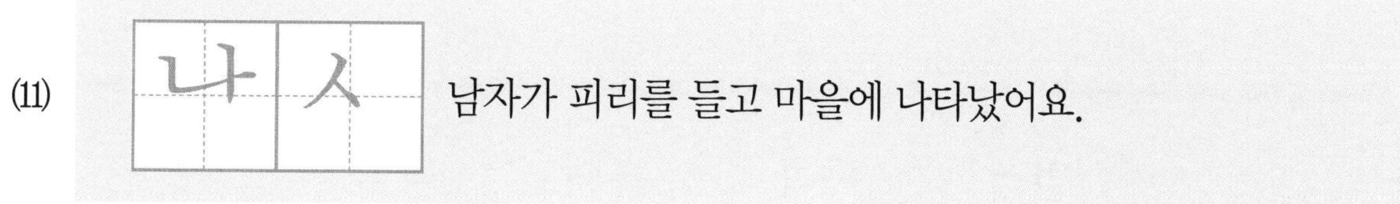

나 ㅅ 남자가 피리를 들고 마을에 나타났어요.

* 전에 보거나 만난 적이 없어 모르는 사이인.

4 흉내 내는 말

빈칸에 흉내 내는 말을 알맞게 넣어 문장을 완성하세요.

(1) 딸기에는 작은 씨가 [   ] 박혀 있어요.

* 작은 것 여러 개가 더 넓고 큰 곳에 깊숙이 박혀 있는 모양.

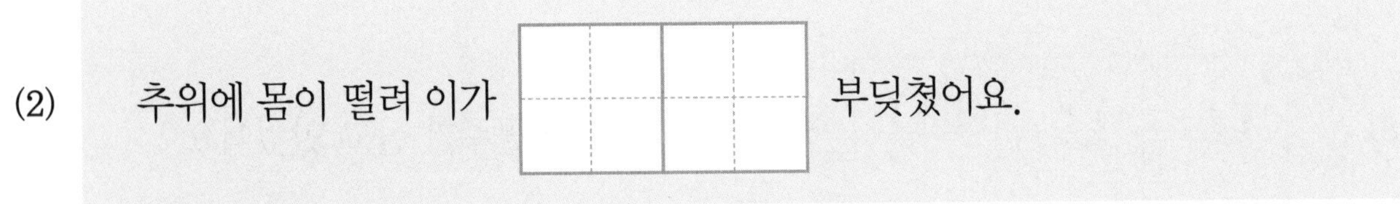

(2) 추위에 몸이 떨려 이가 [   ] 부딪쳤어요.

* 단단한 물건이 서로 자꾸 부딪치는 소리나 모양.

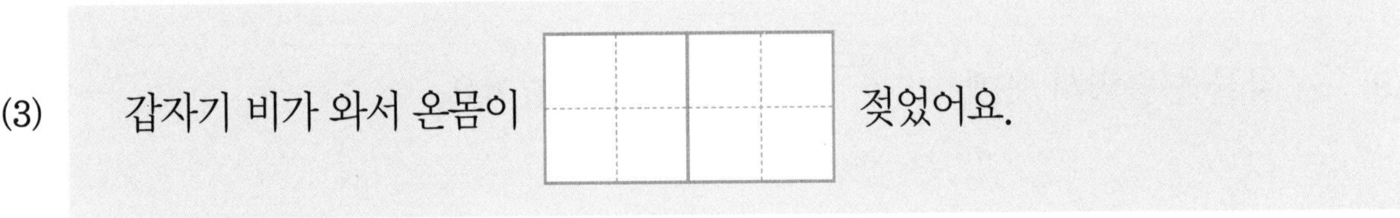

(3) 갑자기 비가 와서 온몸이 [   ] 젖었어요.

* 물 등에 몹시 젖은 모양.

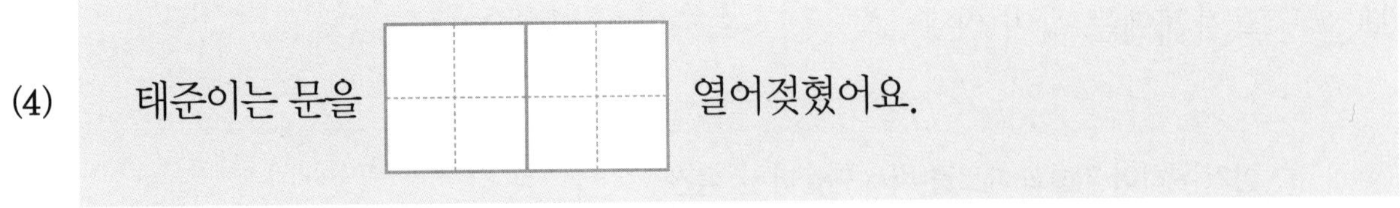

(4) 태준이는 문을 [   ] 열어젖혔어요.

* 닫혀 있던 걸 갑자기 세게 여는 모양.

벌꺽　　콕콕　　흠뻑　　딱딱

살금살금　　씰룩씰룩

도란도란　　너덜너덜　　허겁지겁

(5) 오래된 책이 [　　　　] 찢어져 있어요.

* 종이나 옷 등이 여러 가닥으로 매우 어지럽게 늘어져 자꾸 흔들리는 모양.

(6) 고양이가 부엌으로 [　　　　] 걸어가요.

* 남이 알아차리지 못하도록 눈치를 살펴 가면서 살며시 행동하는 모양.

(7) 민기는 아침밥을 [　　　　] 먹었어요.

* 급하거나 당황하여 몹시 허둥거리는 모양.

(8) 철수와 유리는 [　　　　] 이야기를 나눴어요.

* 여럿이 작은 목소리로 서로 정답게 이야기하는 소리나 모양.

(9) 오리가 궁둥이를 [　　　　] 흔들며 지나가요.

* 얼굴이나 몸의 일부분을 자꾸 한쪽으로 비뚤어지게 움직이는 모양.

5 '뺨'과 '뼘'

낱말의 뜻풀이를 읽고, 알맞은 낱말에 동그라미 하세요.

뺨	: 얼굴 양옆으로 살이 도톰한 부분.
뼘	: 엄지손가락과 다른 손가락을 한껏 벌린 길이.

(1) 차가운 바람에 민정이의 (뺨 / 뼘)이 붉어졌어요.

(2) 현수는 진호보다 두 (뺨 / 뼘)이나 더 커요.

덥다	: 공기의 온도가 높다.
덮다	: 어떤 물건이 보이지 않도록 넓은 천 등을 얹어서 씌우다.

(3) 현지는 이불을 (덥고 / 덮고) 있었어요.

(4) 올해 여름은 지난여름보다 (덥고 / 덮고) 습해요.

짓다	: 어떤 표정이나 태도 등을 얼굴이나 몸에 나타내다.
짖다	: 개가 크게 소리를 내다.

(5) 작은 강아지가 큰 개한테 (짓고 / 짖고) 달려들었어요.

(6) 아버지께서 하루 내내 미소를 (짓고 / 짖고) 계셨어요.

6 바르게 쓰기

밑줄 친 부분을 바르게 고쳐 쓰세요.

(1) 우리는 산에서 풍댕이를 잡았어요.

(2) 해인이는 넙다란 책상에서 공부해요.

(3) 온 세상이 눈으로 새하얏게 덮였어요.

(4) 어머니께서 저를 끄러안아 주셨어요.

(5) 윤호가 커다레진 눈으로 창밖을 바라봐요.

(6) 다들 저를 본채만채해요.

제 16 과 나도 작가(2)

1 누구일까요?

 다음 그림과 특징을 보고 빈칸에 알맞은 낱말을 쓰세요.

(1) 

오빠와 여동생, 누나와 남동생을 이르는 말.

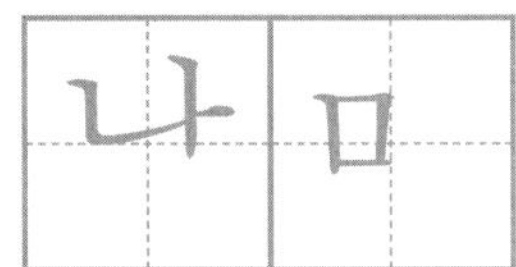

(2) 

어떤 분야의 학문을 익혀 전문 자격을 받은 사람.

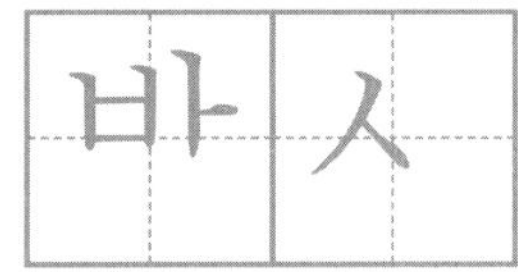

(3) 

사고가 나지 않게 미리 살피고 지키는 일을 하는 사람.

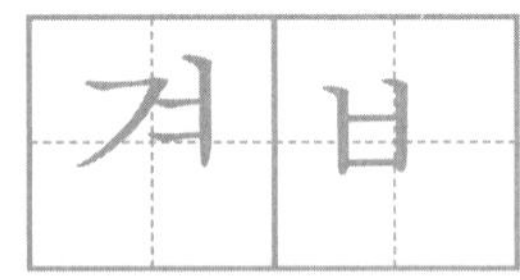

(4) 

여러 도구를 가지고 물고기를 잡는 사람.

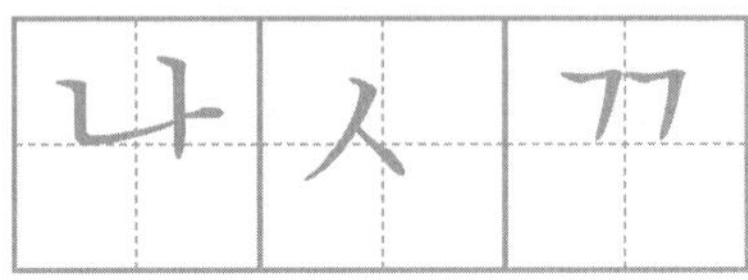

2 사이시옷

두 낱말이 합쳐지면서 둘 사이에 시옷이 붙기도 하는데, 이것을 '사이시옷'이라고 합니다. 동그라미 속 자음으로 시작하는 두 말을 합쳐 알맞은 낱말을 쓰세요.

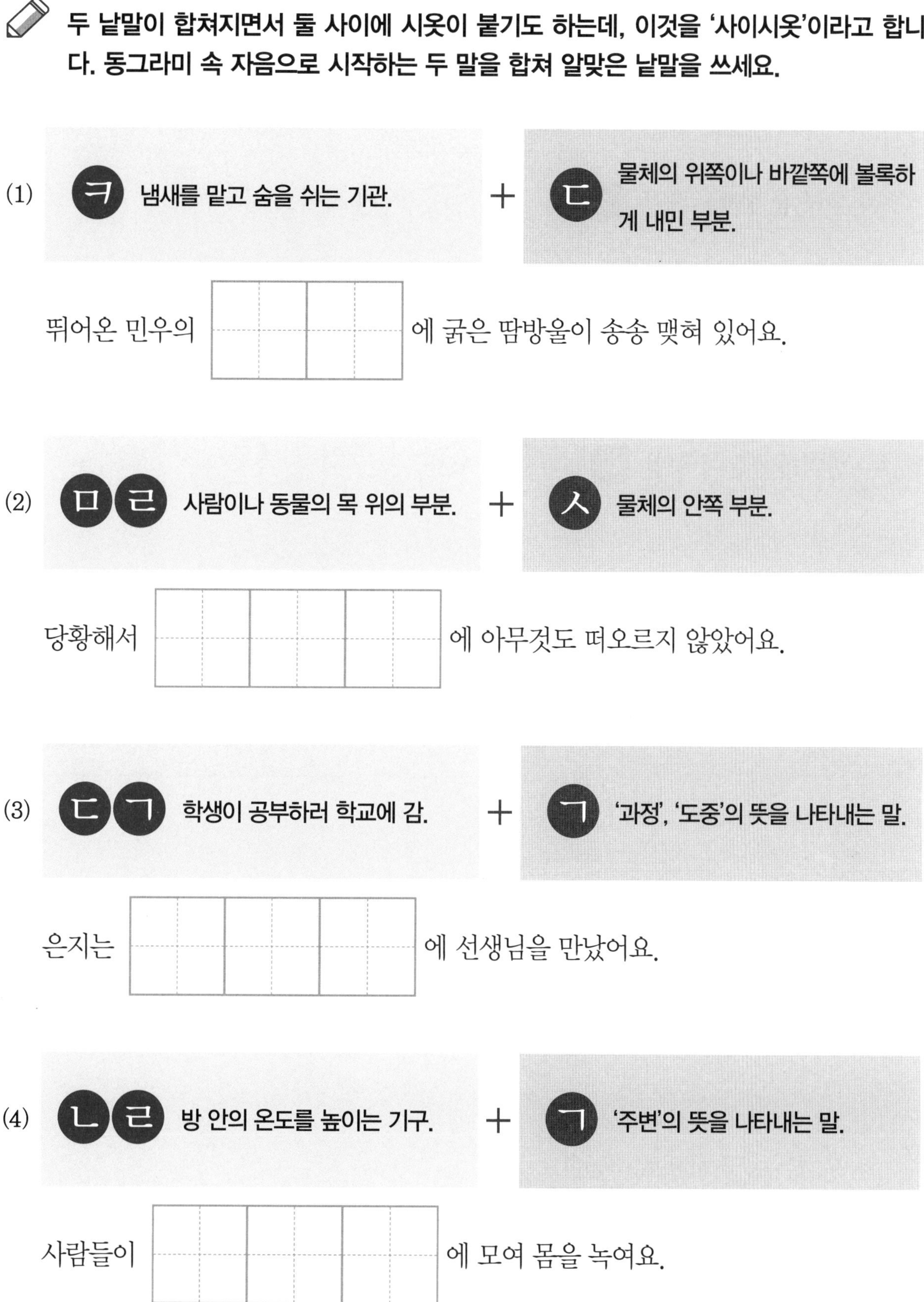

(1)
ㅋ 냄새를 맡고 숨을 쉬는 기관.
+
ㄷ 물체의 위쪽이나 바깥쪽에 볼록하게 내민 부분.
뛰어온 민우의 에 굵은 땀방울이 송송 맺혀 있어요.
(2)
ㅁ ㄹ 사람이나 동물의 목 위의 부분.
+
ㅅ 물체의 안쪽 부분.
당황해서 에 아무것도 떠오르지 않았어요.
(3)
ㄷ ㄱ 학생이 공부하러 학교에 감.
+
ㄱ '과정', '도중'의 뜻을 나타내는 말.
은지는 에 선생님을 만났어요.
(4)
ㄴ ㄹ 방 안의 온도를 높이는 기구.
+
ㄱ '주변'의 뜻을 나타내는 말.
사람들이 에 모여 몸을 녹여요.

3 비슷한말, 반대말

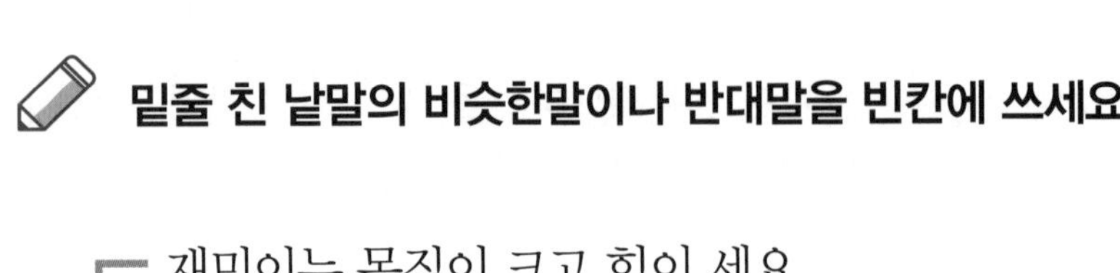

밑줄 친 낱말의 비슷한말이나 반대말을 빈칸에 쓰세요.

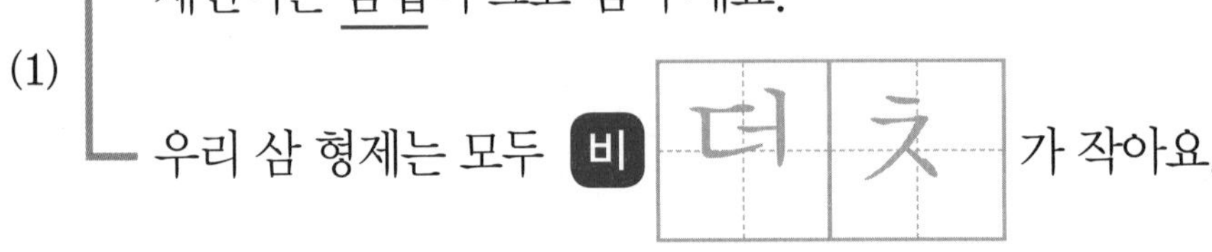

(1) 재민이는 몸집이 크고 힘이 세요.
우리 삼 형제는 모두 비 [더 | ㅊ] 가 작아요.

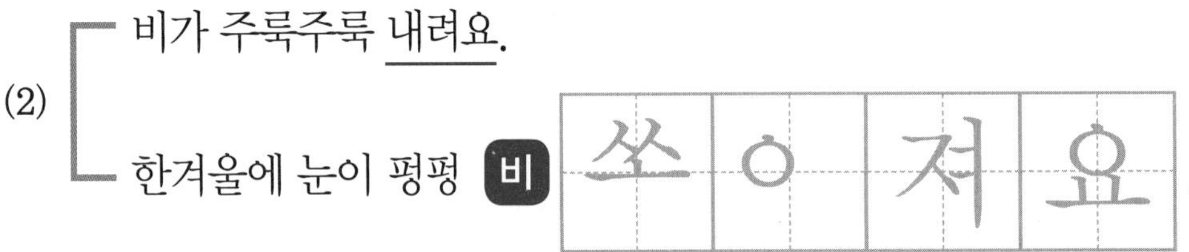

(2) 비가 주룩주룩 내려요.
한겨울에 눈이 펑펑 비 [쏘 | ㅇ | 져 | 요].

(3) 호랑이는 숨어 있는 아이들을 찾아냈어요.
희선이가 보물을 가장 먼저 비 [바 | 견 | 했 | 어 | 요].

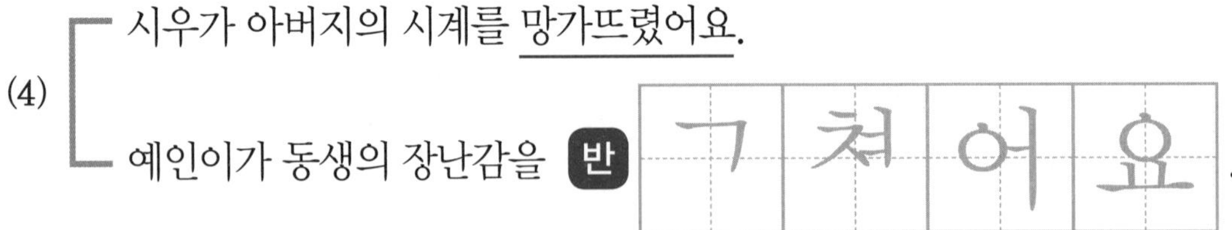

(4) 시우가 아버지의 시계를 망가뜨렸어요.
예인이가 동생의 장난감을 반 [ㄱ | 쳐 | 어 | 요].

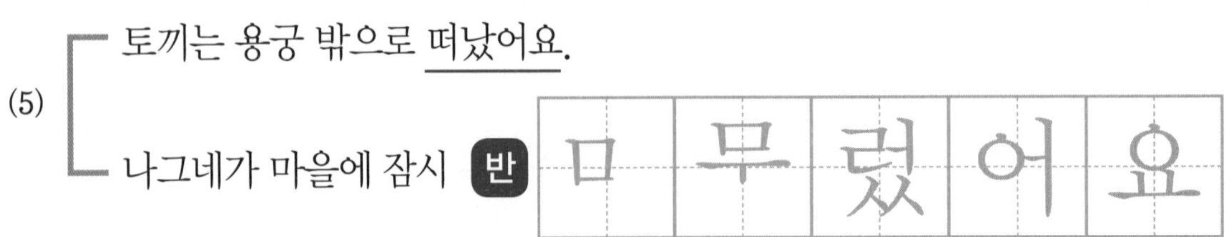

(5) 토끼는 용궁 밖으로 떠났어요.
나그네가 마을에 잠시 반 [ㅁ | 무 | 렀 | 어 | 요].

4 낱말 뜻풀이

빈칸에 알맞은 말을 넣어서 밑줄 친 낱말의 뜻을 풀이하세요.

(1) 아기가 엄마의 품속에서 칭얼거렸어요.

* 칭얼거렸어요: 몸이 불편하거나 마음에 들지 않아 [짜][증]을 내며 울었어요.

(2) 경민이는 숙제가 많다며 투덜댔어요.

* 투덜댔어요: 남이 알아듣기 어려운 목소리로 자꾸 [부][평]을 했어요.

(3) 선생님께서 웃으시니 아이들이 덩달아서 웃어요.

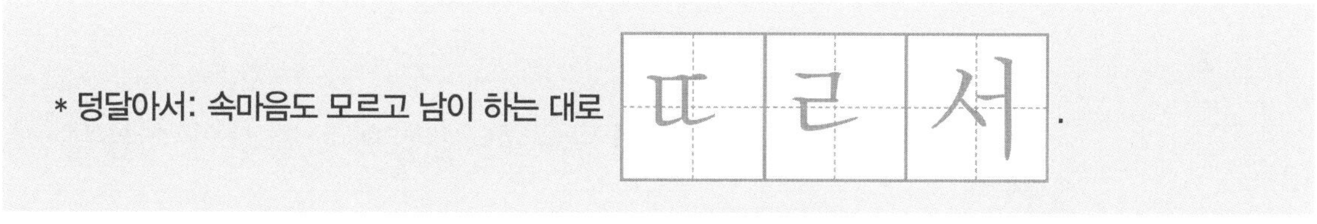

* 덩달아서: 속마음도 모르고 남이 하는 대로 [따][라][서].

(4) 겨울에는 따뜻하게 옷을 껴입고 나가요.

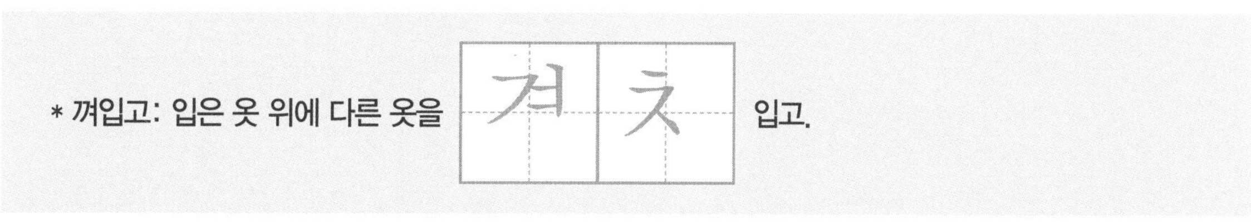

* 껴입고: 입은 옷 위에 다른 옷을 [겹][ㅊ] 입고.

(5) 준비물을 다 챙겼더니 마음이 놓여요.

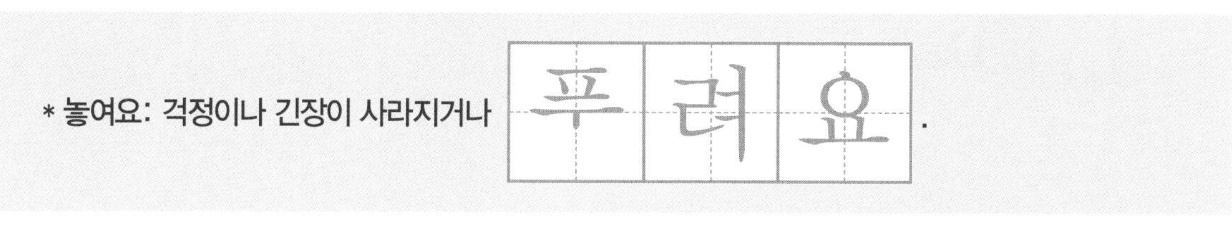

* 놓여요: 걱정이나 긴장이 사라지거나 [풀][려][요].

5 외래어

외국에서 들어와 쓰이는 낱말을 '외래어'라고 합니다. 다음 그림과 설명에 알맞은 외래어를 쓰세요.

(1)

고무에 설탕과 향을 내는 재료를 섞어 만든 먹을거리. 입에 넣고 씹으며 단물을 빼 먹는다.

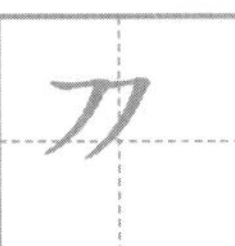

(2)

사람이 조종하여 하늘을 날아다니는 물체.

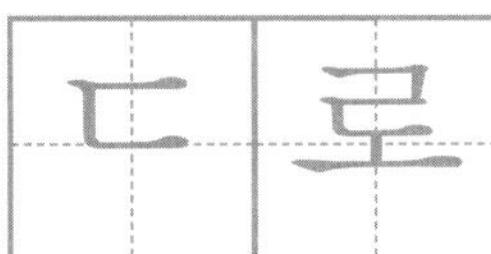

(3)

자기만의 독특한 방법으로 자신의 이름을 적은 문자.

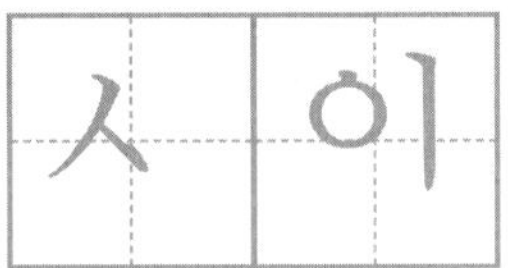

(4)

한 건물 안에 여러 집이 살 수 있도록 오 층 이상으로 지은 집.

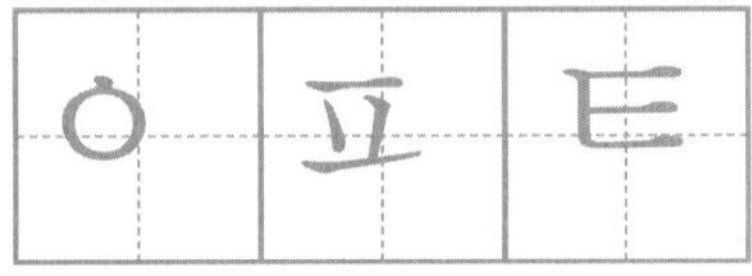

6 토박이말

'토박이말'은 우리말에 원래부터 있었거나 그것에 기초하여 새로 만들어진 낱말을 말합니다. 빈칸에 알맞은 토박이말을 찾아 쓰세요.

으뜸	갈무리	너울	미리내

(1) [   ] 때문에 배가 흔들거려요.

* 바다의 크고 거센 물결.

(2) 흐트러져 있는 옷들을 [   ] 했어요.

* 물건 등을 잘 정리하거나 보관함.

(3) 밤하늘에 보이는 [   ] 는 정말 아름다워요.

* '은하수(밤하늘에 강물처럼 길게 보이는 별 무리)'를 가리키는 말.

(4) 지수의 춤 솜씨는 우리 학교에서 [   ] 이에요.

* 여럿 가운데 가장 뛰어난 것.

7 원고지 쓰기

 **다음 문장을 괄호 안의 횟수만큼 띄워서 원고지에 옮겨 쓰세요.**

(1) 흠뻑젖은채학교에도착했어요.(4)

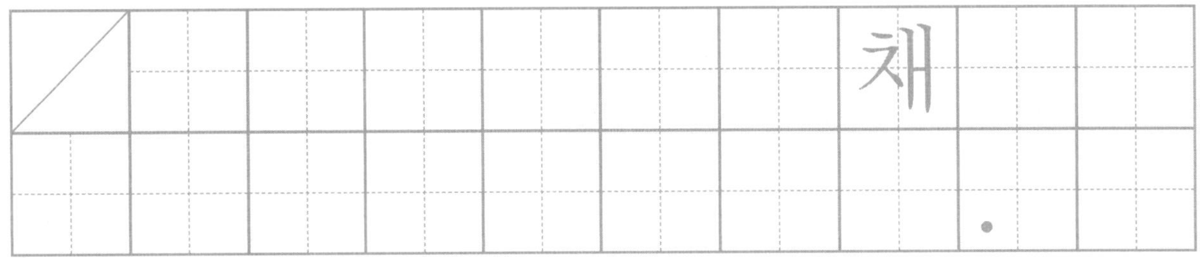

(2) 내가그런말을믿을줄아니?(5)

말

?

(3) 산에있던작은건물은잘수도없을만큼좁았어요.(8)

작

잘

.

4차 개정판

어린이 훈민정음

기초 문법

띄어쓰기

발음

맞춤법

어린이 훈민정음 2-2

정답과 해설

본 교재는 어휘력 향상을 위해 만들었지만, 문장 하나하나도 학습에 도움이 되도록 정성을 기울였습니다. 그러므로 교재에 나오는 예시 문장을 자세히 살펴 문장 학습을 하는 데에 이용하시기 바랍니다.

본 교재는 어휘력은 물론, 맞춤법과 발음, 띄어쓰기, 기초 문법, 원고지 사용법 등을 함께 다루고 있습니다.

제1과 장면을 상상하며(1) 5쪽

1. (1) 점
(2) 입가
(3) 수염
(4) 콧잔등

2. (1) 꼬물꼬물
(2) 무럭무럭
(3) 살랑살랑
(4) 오순도순

3. (1) 햇볕
(2) 구름
(3) 장대비
(4) 무지개
(5) 산들바람

(1) 빈칸에 '햇빛'으로 쓸 수도 있다. 하지만 햇빛의 뜻은 '해의 빛'이고, 햇볕은 '해의 뜨거운 기운'이므로, 이 둘은 엄연히 다르다. 따라서 여기서는 '햇볕'만 정답으로 한다.

4. (1) 삐거덕거려요
(2) 투덜거려요
(3) 호호거려요(후후거려요)
(4) 깔깔거려요
(5) 만지작거려요

5. (1) 어느
(2) 여느
(3) 경험
(4) 모험
(5) 풍경
(6) 광경

6. (1) 묻지
(2) 태워
(3) 고장
(4) 고인

7. (1) 철물점
(2) 음식점
(3) 수리점
(4) 백화점
(5) 정육점

제2과 장면을 상상하며(2) 12쪽

1. (1) 커피
(2) 스웨터
(3) 헬리콥터
(4) 보드게임

2. (1) 화분
(2) 유령

(3) 옷장
(4) 짜장면
(5) 분수대
(6) 줄넘기

3. (1) 단짝
(2) 급식
(3) 가닥
(4) 성격
(5) 생김새
(6) 난장판
(7) 소동
(8) 호기심
(9) 흔적
(10) 간지럼
(11) 명성

4. (1) 골똘히
(2) 한바탕
(3) 도무지
(4) 멀쩡히

5. (1) 갑자기
(2) 안심했어
(3) 피곤해서
(4) 잠
(5) 불안해했어

6. (1) 며칠
(2) 묻혀
(3) 닦아요
(4) 괜찮대
(5) 숨바꼭질
(6) 쳐들어온

7. (1)

/	시	간	이		갈	수	록		비
가		많	이		왔	어	요	.	

(2)

/	비	가		내	리	니	까		어
쩔		줄		몰	랐	어	요	.	

(3)

/	개	구	리	는		무	덤	이	
쓸	려		내	려	갈	까		봐	
맘	을		졸	였	어	요	.		

(1) -ㄹ수록: 어떤 일의 정도가 더해 감에 따라 다른 일의 정도가 달라짐을 나타내는 말. (앞말에 붙여 쓴다.)

(3) 맘: '마음'의 준말(낱말의 한 부분이 줄어든 말).

제3과 서로 존중해요(1) 20쪽

1. (1) 축하
(2) 칭찬
(3) 조언
(4) 욕설
(5) 비속어

2. (1) 싱긋
(2) 박박
(3) 훨훨
(4) 깜빡
(5) 깜짝

3. (1) 햇볕
(2) 찻길
(3) 어젯밤
(4) 노랫소리

4. (1) 감정
(2) 소식
(3) 용기
(4) 작은
(5) 친하게

5. (1) 바라
(2) 빌려
(3) 사귀어
(4) 여쭤보면
(5) 놀랐겠다
(6) 사과할게

(3) 흔히 '사귀어'를 줄여 '사겨'로 적습니다. 하지만 이것은 잘못된 표현입니다. '사귀어'는 줄여 적지 않습니다.
예 사겨도(×), 사귀어도(○)
사겼다(×), 사귀었다(○)

(5) 놀라다: 뜻밖의 일이나 무서움에 가슴이 두근거리다.
예 나는 형이 갑자기 소리를 질러 깜짝 놀랐다.
놀래다: 뜻밖의 일을 해 남을 무섭게 하거나 가슴을 두근거리게 하다.('놀래다'는 '놀라다'의 행동을 남에게 하게 하는 말이다.)
예 나는 동생을 놀래 주려고 조용히 다가갔다.

6.

		(3)책	꽃	(4)이
	(2)세	상		야
(1)실	수		(5)자	기
망			전	
		(6)과	거	

제4과 서로 존중해요(2) 26쪽

1. (1) 입학
(2) 방학
(3) 개학
(4) 전학

2. (1) 짜증
(2) 속상해요
(3) 뿌듯해요
(4) 아쉬워요
(5) 귀찮아요

3. (1) 습관
(2) 집중
(3) 말투
(4) 반응
(5) 발표
(6) 진심
(7) 완성
(8) 정리
(9) 사물함

4. (1) ① 잎도
② 입도
(2) ① 짖지
② 짓지
(3) ① 잊지
② 있지
(4) ① 안고
② 앉고

우리말 받침에 'ㄱ, ㄴ, ㄷ, ㄹ, ㅁ, ㅂ, ㅇ' 이외의 자음자가 쓰이더라도 이 일곱 소리로만 발음합니다. 쌍받침과 겹받침도 마찬가지입니다.
• ㄱ, ㅋ, ㄲ 받침 → [ㄱ]
예 부엌 [부억], 밖 [박]
• ㄷ, ㅅ, ㅈ, ㅊ, ㅌ, ㅎ, ㅆ 받침 → [ㄷ]
예 빗 [빋], 빚 [빋], 빛 [빋], 밭 [받], 히읗 [히읃], 있다 [읻따]
• ㅂ, ㅍ 받침 → [ㅂ]
예 숲 [숩]

5. (1)

╱	이		옷	이		안		어	울
릴	까		봐		걱	정	했	어	.

(2)

╱	그	러	면		문	을		열	
때		다	칠		수	도		있	어.

(3)

╱	승	재	는		아	는		게	
많	아	도		절	대		잘	난	
척	하	지		않	아	.			

(1) 보다: 앞말의 상황이 될 것 같아 걱정하거나 두려워함을 나타내는 말.

(3) 척하다: 앞말의 행동이나 상태를 거짓으로 그럴듯하게 꾸밈을 나타내는 말.
예 예쁜 척하다.

제5과 내용을 살펴요(1) 32쪽

1. (1) 수영복
(2) 운동복
(3) 비옷
(4) 앞치마
(5) 망토
(6) 웨딩드레스

(5) 망토(manteau): 소매(윗옷의 두 팔을 넣는 부분)가 없이 어깨 위로 걸쳐 둘러 입도록 만든 겉옷. 프랑스어다.

(6) 웨딩드레스(wedding dress): 결혼식 때, 신부가 입는 서양식 옷.

2. (1) 빗자루
(2) 쓰레받기
(3) 걸레
(4) 먼지떨이
(5) 진공청소기

3. (1) 화해
(2) 변명
(3) 탈락
(4) 파악
(5) 그늘
(6) 상처
(7) 이삭
(8) 토
(9) 차라리

4. (1) 딱
(2) 실컷
(3) 저마다
(4) 무작정

5. (1) 보호
(2) 보수
(3) 기후
(4) 기호
(5) 쓸어
(6) 썰어

6. (1) 쓰임새
(2) 방언
(3) 마음먹은
(4) 질겨서
(5) 특별한

7. (1) 납작한
(2) 가지런히
(3) 가리키며
(4) 드러나게
(5) 날아다녀요
(6) 위층

제6과 내용을 살펴요(2) 40쪽

1. (1) 화로
   (2) 장화
   (3) 장갑
   (4) 헬멧

2. (1) 보호대
   (2) 상인
   (3) 인정
   (4) 상대
   (5) 대나무
   (6) 무늬

3. (1) 삶다
   (2) 핥다
   (3) 긁다
   (4) 엎다
   (5) 뚫다
   (6) 엷다

(6) 엷다: 색깔이 진하지 않다.
　옅다: 색깔이 보통보다 흐릿하다.
　답란의 도움말을 보면 '옅다'도 쓰일 수 있다. 하지만 문제에서 겹받침이 있는 낱말을 묻고 있으므로 '엷다'만 정답으로 인정한다.

4. (1) [여덜]
   (2) [널따]
   (3) [짤찌]
   (4) [밥꼬]
   (5) [넙쩌캐요]

5. (1) 도
   (2) 개
   (3) 걸
   (4) 윷
   (5) 모

6. (1) ①
   (2) ②
   (3) ②
   (4) ①
   (5) ③
   (6) ①
   (7) ②

7. (1) 집
   (2) 깨끗하게
   (3) 다르다
   (4) 묶어요
   (5) 반성하며

8. (1)

/	계	산	한		뒤	에		포	장
지	를		뜨	어	야		해	요	.

(2)

/	네	가		내	게		그	렇	게	∨
말	할		줄		몰	랐	어	.		

(3)

/	길	이		막	힐		때	에	는	∨
지	하	철	을		타	는		편	이	∨
더		나	아	.						

(3) 낫다: 무엇보다 더 좋거나 앞서 있다.
　뒤에 '-아'나 '-으니'처럼 모음으로 시작하는 말이 오면, 받침 'ㅅ'이 없어져 '나아', '나으니' 등으로 쓰인다.

제7과 마음을 전해요(1) 48쪽

1. (1) 우체국
(2) 미술관
(3) 장터
(4) 치과
(5) 식물원

2. (1) 쇠스랑
(2) 괭이
(3) 도끼
(4) 석쇠
(5) 무쇠솥

3. (1) 치료
(2) 공연
(3) 보답
(4) 차지
(5) 내기
(6) 공짜
(7) 평생
(8) 언덕
(9) 모퉁이
(10) 밑동
(11) 경주

4. (1) 예정
(2) 벼랑
(3) 산울림
(4) 세차게
(5) 인자하게
(6) 근사해요
(7) 지저분해요
(8) 날라요
(9) 속상해요
(10) 얄밉게
(11) 틀림없이

(8) 나르다: 물건을 한 곳에서 다른 곳으로 옮기다.
'나르다' 뒤에 '-아'가 오면 '르'가 'ㄹㄹ'로 바뀐다.
예 나르(다) + -아 → 날라
나르(다) + -았다 → 날랐다

5. (1) 방문
(2) 장사
(3) 인상
(4) 맡고

6. (1) 손뼉
(2) 빨개진
(3) 저으며
(4) 닦으며
(5) 산꼭대기
(6) 쑥스러운지

(2) '빨갛다' 뒤에 모음으로 시작하는 말이 붙으면 'ㅎ'이 없어진다.
예 빨갛(다) + -아 → 빨개
빨갛(다) + -으니 → 빨가니

제8과 마음을 전해요(2) 56쪽

1. (1) 씨앗
(2) 엽전
(3) 시루
(4) 호루라기

2. (1) 간신히
(2) 냉큼
(3) 저절로
(4) 대뜸

3. (1) 쑥쑥
(2) 꼭꼭

(3) 벌떡
(4) 솔솔
(5) 버럭
(6) 껄껄
(7) 냠냠
(8) 엉엉
(9) 낑낑
(10) 쿵쿵

4. (1) 차
(2) 돈
(3) 잘못
(4) 굵은
(5) 아끼는

5. (1) ③
(2) ③
(3) ①
(4) ②

문제의 오답 풀이

(1) ① 연약한
(2) ① 궁금했어요
(3) ② 구불구불해서
③ 어둑어둑해서

6. (1) 가장자리
(2) 쏜살같이
(3) 부릅뜨고
(4) 탐스러운
(5) 끄덕이며

7. (1)

⟋	내	가		도	와	줄		테	니 ∨
너	무		걱	정	하	지		마	.

(2)

⟋	내		생	일		파	티	에	
꼭		와		주	길		바	라	.

(3)

	유	진	이	는		한		번	도 ∨
친	구	에	게		화	를		내	
본		적	이		없	어	요	.	

(1) 도와주다: 남을 위해 애써 주다.(한 낱말이므로 붙여 쓴다.)

(2) '바라다'는 문장에서 '바라니, 바라, 바라므로' 등의 모습으로 쓰인다.

제9과 바른 말로 이야기 나누어요(1) 64쪽

1. (1) 사또
(2) 서방
(3) 영감
(4) 어르신
(5) 집배원

2. (1) 불만
(2) 만발
(3) 행사
(4) 사고
(5) 고향
(6) 향기
(7) 기약

3. (1) 작아요

(2) 적어요
(3) 같고
(4) 갚겠습니다
(5) 달라요
(6) 틀려요
(7) 바라
(8) 바랜
(9) 가르쳐요
(10) 가리켜요
(11) 잊어버렸어요
(12) 잃어버렸어요

4. (1) 캐서
(2) 업고
(3) 뿌려요
(4) 기대고
(5) 쭈그리고

5. (1) 데굴데굴
(2) 모락모락
(3) 들썩들썩
(4) 펄쩍펄쩍

6. (1) 켜고
(2) 덩달아
(3) 띄어요
(4) 설레는
(5) 파헤쳐서
(6) 통째로

(1) 켜다: 팔다리나 네 다리를 쭉 뻗으며 몸을 펴다.
키다: '켜이다(갈증이 나서 물을 자꾸 마시게 되다)'의 준말. '켜다'의 뜻으로 사용하는 것은 잘못된 표현이다.

(3) 띄다: 눈에 보이다.
띠다: ① 물건을 몸에 지니다.
② 색깔을 가지다.
③ 어떤 성질을 가지다. 등

(4) '설레이다'는 '설레다'의 잘못된 표현이다.

제10과 바른 말로 이야기 나누어요(2) 71쪽

1. (1) 사막
(2) 말뚝
(3) 아궁이
(4) 소쿠리

2. (1) [궁물]
(2) [장년]
(3) [든는]
(4) [심만]
(5) [달림]
(6) [날로]

3. (1) 마냥
(2) 내내
(3) 왠지
(4) 어느새

4. (1) 현관
(2) 추억
(3) 조성
(4) 얼떨결
(5) 싱그러운
(6) 잔치
(7) 훗날
(8) 묘목
(9) 자태
(10) 뿌연
(11) 황량해

5. (1) ① 열매
② 껍질
(2) ① 땅
② 방향
(3) ① 나무
② 자연

6. (1)

╱	엄	지	손	가	락	만		한	
벌	레	가		기	어	가	요	.	

(2)

╱	이	번		주	는		지	난	주
보	다		훨	씬		더	워	요	.

(3)

╱	박	물	관	에	는		몇	백	
년		전	에		썼	던		물	건
들	이		전	시	되	어		있	다.

(1) 만 하다: 앞말이 어느 정도 됨을 나타내는 말.

예 배가 수박만 하다.

만하다: ① 어떤 대상이 어떤 행동을 할 이유가 있음을 나타내는 말.

예 이 음식은 한 번쯤 먹을 만하다.

② 앞말의 행동이 가능함을 나타내는 말.

예 참을 만하다.

(2) '지난번', '지난주', '지난달' 등은 '지난'과 다른 낱말이 모여 만들어진 한 낱말이다. 즉 붙여 쓴다.

하지만 '이번 주', '다음 달' 등은 한 낱말로 인정받지 못해 띄어 써야 한다.

(3) 몇: ① 그리 많지 않은 수를 뚜렷하지 않게 이르는 말.(뒷말과 붙여 쓴다.)

예 일 더하기 일은 몇이지? / 몇십, 몇백

② 뒷말과 관련된, 그리 많지 않은 수를 뚜렷하지 않게 이르는 말.(뒷말과 띄어 쓴다.)

예 사과가 몇 개 남았어?

2. (1) 주위
(2) 주의
(3) 예방
(4) 예약
(5) 행세
(6) 행사

3. (1) 재판
(2) 영상
(3) 실감
(4) 오염
(5) 관람
(6) 세탁
(7) 변화
(8) 게시물(게시문)

4. (1) ②
(2) ①
(3) ①
(4) ②
(5) ②
(6) ①

5. (1) 썩은
(2) 급하게
(3) 참여한
(4) 생생해요
(5) 빠져들어

제11과 매체를 경험해요(1) 78쪽

1. (1) 엿봐요
(2) 지켜봐요
(3) 쳐다봐요
(4) 살펴봐요

제12과 매체를 경험해요(2) 84쪽

1. (1) 버스
(2) 로봇
(3) 뉴스
(4) 샴푸
(5) 웹툰

2. (1) 누리집
(2) 개수대
(3) 차림표
(4) 만화 영화

3. (1) 관심
(2) 주제
(3) 드러나게
(4) 어울리는
(5) 고운

4. (1) 낭비
(2) 비행
(3) 행동
(4) 전시
(5) 시간
(6) 식탁

5. (1) 흙
(2) 상황
(3) 가르치고
(4) 불안해요
(5) 끝내고

6. (1)

╱	동	생	은		고	개	를		숙
인		채		말	했	어	요	.	

(2)

╱	저	는		제		두		볼	을	∨
꼬	집	어		봤	어	요	.			

(3)

╱	사	람	들	이		관	심	을		
가	질		만	한		내	용	으	로	∨
글	을		써		봐	.				

(1) 채: 이미 있는 상태 그대로 있다는 뜻을 나타내는 말.(앞말과 띄어 쓴다.)
예 누나는 앉은 채로 잠이 들었어요.
–째: '그대로', '전부'의 뜻을 더하는 말.(앞말과 붙여 쓴다.)
예 형은 사과를 껍질째 먹어요.

제13과 내 생각은 이래요(1) 90쪽

1. (1) 뜰
(2) 매미
(3) 도서관
(4) 지하철

2. (1) 제목
(2) 중심
(3) 구분하며
(4) 떠올리며

3. (1) 규칙
(2) 야외
(3) 출입
(4) 책임
(5) 체력
(6) 건강
(7) 소음
(8) 자연
(9) 생명

4. (1) 전했어요
(2) 사라졌어요
(3) 주변
(4) 풀었어요
(5) 치웠어요

5. (1) ③

(2) ②

(3) ①

(4) ③

문제의 오답 풀이

(4) ① 무시해, ② 설명해

6. (1) 새어

(2) 이제는

(3) 몸무게

(4) 교향곡

(5) 낳았어요

(6) 귀찮아서

(5) 낳다: 배 속의 아이, 새끼, 알을 몸 밖으로 내놓다.
낫다: 병이나 상처 등이 고쳐져 원래대로 되다.

7. (1) 금방

(2) 빠져

(3) 조절하는

(4) 실천했어요

(5) 건축

제 14 과 내 생각은 이래요(2) 98쪽

1. (1) 오이

(2) 상추

(3) 토마토

(4) 고구마

2. (1) 교장

(2) 주인

(3) 천재

(4) 돌보미

(5) 음악가

(4) '돌보미'는 국어사전에 실리지 않은 낱말이다. 하지만 교과서에 실려 문제로 다루었다.

3. (1) 상황

(2) 까닭

(3) 경험

(4) 표현

(5) 독자

4. (1) ②

(2) ①

(3) ①

(4) ②

(5) ③

(6) ①

(7) ②

5. (1) 커튼

(2) 이어폰

(3) 에티켓

(4) 콘서트홀

(5) 스트레스

(3) '에티켓(etiquette)'은 프랑스어다.

(4) '콘서트홀(concert hall)'은 영어로는 두 낱말이지만, 한글로 적을 때에는 한 낱말로 붙여 쓴다.

6. (1) 꾸준히

(2) 아득히

(3) 당당히

(4) 가득히

7. (1) 꾸미는

(2) 재료

(3) 알릴

(4) 시원하고

(5) 커서

8. (1)

╱	달	릴		때	마	다		건	강
해	지	는		걸		느	껴	요	.

(2)

╱	한	밤	에		목	이		말	라
서		깬		적	이		있	어	요.

(3)

╱	날		보	고	도		모	른	
척		그	냥		가		버	리	다
니		정	말		너	무	해	.	

(2) 한밤: 깊은 밤.(한 낱말이므로 붙여 쓴다.)

제15과 나도 작가(1) 106쪽

1. (1) 운동장
(2) 문구점
(3) 오두막
(4) 천국
(5) 호수

2. (1) 노랫말
(2) 경험
(3) 간결하게
(4) 반복
(5) 강조

3. (1) 작가
(2) 상상
(3) 교문
(4) 시늉
(5) 자장가
(6) 울상
(7) 택배
(8) 머나먼
(9) 얼룩
(10) 제품
(11) 낯선

4. (1) 콕콕
(2) 딱딱
(3) 흠뻑
(4) 벌꺽
(5) 너덜너덜
(6) 살금살금
(7) 허겁지겁
(8) 도란도란
(9) 씰룩씰룩

5. (1) 빰
(2) 뺌
(3) 덮고
(4) 덥고
(5) 짖고
(6) 짓고

6. (1) 풍뎅이
(2) 널따란
(3) 새하얗게
(4) 끌어안아
(5) 커다래진
(6) 본체만체해요

제16과 나도 작가(2) 114쪽

1. (1) 남매
(2) 박사
(3) 경비
(4) 낚시꾼

2. (1) 콧등
(2) 머릿속
(3) 등굣길
(4) 난롯가

낱말과 낱말이 합쳐져 새로운 낱말이 만들어질 때 사이시옷이 붙기도 한다.
이때, 앞말이 모음으로 끝나고 뒷말의 첫 자음자가 'ㄱ, ㄷ, ㅂ, ㅅ, ㅈ'으로 시작하면, 사이시옷이 붙은 뒤 그 자음자가 [ㄲ], [ㄸ], [ㅃ], [ㅆ], [ㅉ]으로 소리 난다.

(1) 코 + 등 → 콧등 [코뜽] [콛뜽]
(2) 머리 + 속 → 머릿속 [머리쏙] [머릳쏙]
(3) 등교 + 길 → 등굣길 [등교낄] [등굗낄]
(4) 난로 + 가 → 난롯가 [날로까] [날롣까]

3. (1) 덩치
(2) 쏟아져요
(3) 발견했어요
(4) 고쳤어요
(5) 머물렀어요

4. (1) 짜증
(2) 불평
(3) 따라서
(4) 겹쳐
(5) 풀려요

5. (1) 껌
(2) 드론
(3) 사인
(4) 아파트

(1) '껌(gum)'의 'g'는 원래 'ㄱ'으로 적어야 한다. 하지만 '껌'으로 오래전부터 쓰여 표현이 굳어졌으므로 '검'이 아니라, '껌'으로 쓴다.

(2) '드론(drone)'의 맞춤법 표기는 2024년 현재 정해지지 않았다. 하지만 교과서에 실려 문제로 만들었다.

(3) '사인(sign)'은 영어에서 '[싸인]'으로 발음하더라도 '사인'으로 적는다.

6. (1) 너울
(2) 갈무리
(3) 미리내
(4) 으뜸

(3) '미리내'는 옛날에 쓰던 말로, '은하수'를 뜻한다. 현재에는 제주도 방언으로 남아 있다.

7. (1)

	흠	뻑		젖	은		채		학
교	에		도	착	했	어	요	.	

(2)

	내	가		그	런		말	을	
믿	을		줄		아	니	?		

(3)

	산	에		있	던		작	은	
건	물	은		잘		수	도		없
을		만	큼		좁	았	어	요	.

(3) 만큼: ① 앞 내용의 양이나 정도를 나타내는 말.
예 눈 깜빡할 만큼 짧은 시간.
② 뒤 내용의 원인이나 근거임을 나타내는 말.
예 친구들이 응원해 주는 만큼 우리도 최선을 다해야 한다.
③ 앞말과 비슷한 정도임을 나타내는 말.
예 나도 너만큼은 할 수 있어.

①, ②의 뜻으로 쓰일 때에는 앞말과 띄워야 한다. ③의 쓰임에서는 앞말과 붙인다.

자르세요